Eat Like Heaven

dala food 003
味道上海

作者	歐陽應霽
策劃統籌	黃健和、黃美蘭
編輯	祁思、阿柿
助理採編	戴蓓懿（踏踏）、葉子騫
企宣	張敏慧
封面、美術設計及製作	歐陽應霽、陳廸新
攝影	陳廸新
地圖設計	歐陽凱詩
封面字體設計	造字工房
法律顧問	全理法律事務所董安丹律師

出版　　　**大辣出版股份有限公司**
台北市 105 南京東路四段 25 號 11F
www.dalapub.com
Tel：(02)2718-2698　Fax：(02)2518-8670
service@dalapub.com

發行　　　**大塊文化出版股份有限公司**
台北市 105 南京東路四段 25 號 11F
www.locuspublishing.com
Tel：(02)8712-3898　Fax：(02)8712-3897
讀者服務專線：0800-006689
劃撥帳號：18955675
戶名：大塊文化出版股份有限公司
locus@locuspublishing.com

台灣地區總經銷　**大和書報圖書股份有限公司**
242 新北市新莊區五工五路 2 號
Tel：(02)8990-2558　Fax：(02)2990-1658
製版：瑞豐實業股份有限公司

初版一刷：2013 年 4 月
初版二刷：2013 年 5 月
定價：新台幣 350 元
版權所有·翻印必究
Printed in Taiwan

ISBN 978-986-6634-27-7

國家圖書館出版品預行編目資料

味道上海 / 歐陽應霽作. — 初版. — 臺北市：
大辣出版：大塊文化發行, 2013.04
面；　公分. — (dala food；3)
ISBN 978-986-6634-27-7 (平裝)

1.飲食風俗 2.餐飲業 3.旅遊 4.上海市

538.782　　　　　　　　　102005050

味道上海

歐陽應霽

編輯室提醒：
本書內容均為作者實地採訪查詢，並已盡力提供最正確之訊息。
唯書中刊載之店家營業時間與服務內容均有變動可能，
建議讀者前往店家前多利用書中提供之店家連絡方式確認營業狀況。
也歡迎讀者實地體驗後回報訊息，不吝提供更新資料，
協助我們做下一次的更修。請寄至：service@dalapub.com

序一

上海輪流吃

　　浪奔、浪流，萬里滔滔江水永不休。
　　淘盡了，世間事，混作滔滔一片潮流——

　　請勿見笑，很多我身邊的70後80後朋友，無論生活在港、台甚至內地，真正開始對上海有興趣，並不是因為吃喝過老上海早餐中稱作四大金剛的豆漿、油條、大餅、粢飯，不是吃過那一碗湯裡放了紫菜、蛋皮、蔥花蝦皮的縐紗小餛飩，亦不是對上海本幫菜中濃油赤醬的代表作紅燒肉有多大了解認識，更不要說各式現炒澆頭麵、生煎饅頭、雞鴨血湯、草頭圈子、醃篤鮮……他們所知道的上海，是港產電視劇《上海灘》中許文強、丁力和馮程程生活的三、四十年代的舊上海。當年上海的政治、經濟、民生狀況以致日常飲食細節都不及周潤發與呂良偉、趙雅芝之間的恩怨情仇來得吸引更被關注，連場黑幫火拼更是緊張精彩劇力萬鈞，流行文化影響力從來不容忽視——上海上海，這麼複雜這麼簡單，這麼遠那麼近。

　　忽然胡思亂想，如果當年上海灘的編劇安排許文強是西菜館主廚，丁力是本幫菜館老闆，馮程程是麵粉大王的女兒更是超級吃貨，那為人津津樂道的會否就是二十五集嘴饞為食連續劇《舌尖上的上海灘》，其對廣大嘴饞為食群眾的號召，對上海西餐與本幫菜的矛盾衝擊競爭互動，對上海飲食文化開放包容蓬勃發展的影響也肯定驚人。

　　是喜？是愁？浪裡分不清歡笑悲憂。
　　成功？失敗？浪裡看不出有未有——

　　認識上海，了解上海的吃，坊間美食指南食評食譜眼花撩亂，網上點評鋪天蓋地，未吃幾乎已經飽了。這回我有幸覓得在上海從小吃大的為食好友及俏為我把關引路，放心開吃。而在進一步搜尋上海文化相關資料的時候，叫我印象最最深的，是並不以寫吃著稱的前輩李歐梵教授在其學術著作《上海摩登》中記載的一段逸事：1948年，九歲的他隨母親從河南鄉下到上海寄居一個多月，暫時借住在外祖父住的一家叫「中國飯店」的小旅館。童稚無知的他第一次進大都市，渾然不知電燈為何物，而上海的聲光化電世界對他的刺激，恐怕還遠遠超過茅盾小說《子夜》中的那個鄉下來的老太爺。有一

天清晨，外祖父叫他出門到外面買包子，他從五樓乘電梯下來，走出旅館的旋轉門，買了一袋肉包，走回旅館，卻被旅館的旋轉門夾住了，耳朵被門碰得奇痛無比。他匆匆擺脫這個現代文明的惡魔的巨爪，逃了回來後卻發現手中的肉包子不翼而飛，於是又跑出去尋找，依稀記得門口的幾個黃包車夫對他不懷好意地咧著嘴笑，他更驚惶失措，最後不得不回到外祖父的房間向他稟告，外祖父聽了大笑，他卻懼怕得無地自容。這是李教授生平第一次接觸上海都市文明的「慘痛經驗」。

中國飯店、電燈、電梯、旋轉門，夾住，肉包子，奇痛無比，咧著嘴笑，大笑──

李教授這六十多年前的上海往事，竟與今時今日我們在上海的吃喝經驗有著許多的牽連和類似。人在上海，我們走進的無論是雕欄玉砌金碧輝煌的，食材食器也都異常講究的高檔食府，還是門面寒磣的開在里弄盡頭的無名小店，走近推開的都是「旋轉門」，有些是人手動的，有些是電動的，被動、主動、被被動。忽然發覺我們都在一個又一個熱火朝天的飲食大潮流中，吃什麼喝什麼雖然都是自己掏錢，但其實不由自主。吃飽喝醉推門「被轉」出去，眼前人情景物以及味道都不再一樣，真個像周璇在夜上海老歌裡唱的「換一換，新天地」。更中要害的，是作為傳統飲食象徵的「包子」不見了，是被咧著嘴笑的黃包車夫拿走吃了呢？還是連這些大叔都嫌包子太土，不屑一吃？當然我們可以積極進取一點，跳上黃包車，吩咐車夫把我們送去吃西洋大菜，去吃大江南北來的各幫各派的經典創新好菜，在聲光化電的 enhancement 中來一場 techno-psycho taste 五感體驗之旅──這，就是我和身邊同樣能吃愛吃懂吃的好友在上海這個從來就開放包容的移民城市裡，從早到晚吃了近兩個月的興奮深刻經驗。

一如走進餐廳常常會有背景配樂，此刻在我耳畔響起的倒不是浪奔浪流，卻是 1980 年 8 月 4 日在香港 TVB 首播，原定為六十集的另一套長篇劇的主題曲，黃霑先生作詞，顧嘉輝先生作曲：

　　輪流轉，幾多重轉？循環中，幾段情緣？
　　千秋百樣事，幾多次輪迴，點解世事萬千轉？

這一齣由甘國亮先生監製，由當年尚未成名已戴黑超的導演王家衛任助導的電視劇《輪流轉》，以一個上海家庭在香港的生活為背景，由戰後的香港一直演進現代——劇本精彩演員陣容強勁，當紅的小生鄭少秋，當家花旦李司棋及鄭裕玲，還有森森、李琳琳、葉德嫻、陳百強及林子祥等等演員和歌手參與演出。可惜開播後收視被另一電視台另一套以中國近代史為題材的電視劇《大地恩情》擊敗，TVB決定腰斬《輪流轉》，是香港電視史上首部沒有結局的電視劇。

這種殘酷現實，也與上海以及其他國際都會的飲食界今天經歷面對的幾乎一樣。食客推開旋轉門走進去，今天跟昨天的餐廳名字，室內裝潢，服務員裝扮和態度以致菜色種種都隨時不一樣。食肆開張關張的內部外部原因固然很多，食物質素高味道好主廚師長得帥的也不一定可以在激烈競爭中勝出留下來。所以我們這些嘴饞好吃的只能早午晚宵夜密密地吃，且心存感激多做鼓勵支持，因為天曉得還可以吃到什麼時候吃到什麼？

至於更私人的一個覓食原因，希望在上海還可以一嚐上世紀三、四十年代外祖父母年輕時作為印尼華僑世家子弟勾留上海吃到的美味，追尋覓得在上海出生的母親的童年滋味——從我抵達上海的第一天就知道，那恐怕真的是太奢侈太天真的一個要求。

剩下了，多少掛牽？還留得多少溫暖？
抑或到頭來一切消逝，失去了就難再現。

人群裡，幾多奇傳？情緣中，幾多愛戀？
當一切循環，當一切輪流，此中有沒有改變？

應霽
二零一三年三月

上海煙火

故鄉的味道讓人覺得珍重，一是因為歲月的關係：從小吃起，
整個味蕾浸潤在本地的調料和食材中長大，伴隨著長輩的絮
叨、街坊的熱絡、市井的八卦，推推搡搡成一整張堆得滿滿
的大飯桌，占據了我們所有童年裡關於「好吃」的記憶空間。
二是因為地域的緣由：以家為起點，發散出方圓幾里地。小
學的時候，吃親戚家的菜、鄰居家的點心、學校門口的攤販；
中學的時候，就懂得推輛自行車，幾個女同學似懂非懂逛街，
末了還要到城中小有名氣的餐館打打牙祭，中餐、西餐、甜
食，縱使當年零花錢不充裕，也要一樣樣吃過來；到大學，
未專精學業之前，學到的卻是一有機會就到處旅行，從近處
的城鎮開始，漸行漸遠，這時候意識到，世界上原來有這麼
多不同的味道在等著我們去發現，而在我們走了大半個地球
之後，會領悟到，最想念的滋味，仍在家門口，像媽媽一樣
對我們不離不棄。

2012年中，歐陽邀請我跟他一起做這本《味道上海》，彼時
我早就是個客居北京八、九年的異鄉人了。我們在一間小小
的咖啡館裡聊著食物與城市的關係，離開和回來的各種情緒，
其時，我特別想知道，為什麼是我，而不找一個仍然生活於
上海，牢牢繫根在上海的上海人來合作這本書。歐陽笑眯眯
地回答，你看，上一本《味道台北》，找的也是旅居荷蘭的
台北人韓良憶呀。有時候，離開故鄉的人會比任何在地的居
民都要敏感，因為換了個角度來看自己居住的城市和喜愛的
食物，百分之十的疏離，加上百分之九十的熟悉，反而是百
分百最濃厚的情感。

確實，這幾年的我，穿梭於北京、上海以及其他城市之間，
最快樂的事情，莫過於不帶任何工作任務的「回娘家」。而
一到上海，快樂中的快樂，則是飛機一落地就去吃碗熱氣騰
騰的鮮肉小餛飩，加塊蘸辣醬油的炸豬排。這都是對上海人
來說再簡單不過，尋常不過的食物了，但旅居在外，往往就
是最懷念這種最庶民的食物氣息。換言之，這樣的食物，代
表著整座城市的煙火氣。所謂的「人間煙火」，和生活在城
市中的樂趣，並不是來自那些鋼筋鐵骨的大廈，錦衣玉食的
幻象，大多便是來自一碗小餛飩中，熱湯裡泛著細細油花的
光暈，一咬一包鮮汁的肉餡和如金魚尾巴一般搖曳的縐紗餛
飩皮，也來自那一塊被捶打和拍鬆過的豬排外面，裹得細密

炸得金黃的麵包粉薄殼，和蘸過「泰康黃牌」的臨近骨邊的
肥瘦相間的那一口。我總是有這樣一個心願，要做一本關於
上海吃食的萬能指南，其中對餐館唯一的篩選標準，就是看
有沒有這個「煙火氣」。

感謝歐陽的書給了我這樣的一個機會，既是工作，又不像工
作，總之，我們一起回到了上海，每天用最大的熱情和最大
的「肚量」擁抱著各種上海的食物，尋找著那些我記憶中帶
著「煙火氣」的食物。我們在舖著塑膠枱布的本幫菜家庭小
館裡吃油膩膩的草頭圈子、油爆蝦、醬肉；也到人滿為患的
充滿了老爺爺老奶奶的點心店裡溫習鮮肉小籠、千層油糕、
糯米燒賣；我們一早起來，去人氣最旺的包子舖面排隊買肉
饅頭、菜饅頭、豆沙饅頭（感謝老天，我終於又能這麼理直
氣壯地把有餡的東西叫做「饅頭」了，要知道這在北京可會
被人笑話）；我們也會撐到很晚，特地跑去號稱是上海最美
味宵夜之一的小攤嘗試令人難忘的深夜豆漿及深夜「四大金
剛」；作為一個特殊的有著西餐傳統的城市，我們也探訪了
上海各種各樣的「洋食店」，從時髦雅致的法國、義大利、
西班牙小館，到作為時代產物的半中半洋「海派」老西餐館，
乃至我從小買到大的麵包店，歐陽說，只要你覺得重要的，
具有上海氣質的食物，我們就一間都不能錯過。

而今，《味道上海》終於完成，這是許許多多愛吃的上海人
和非上海人一起努力的成果。我的力量，在其中何其微薄，
但我的心願，卻由歐陽及其團隊代勞，把它完成得極其妥貼。
相信這是一本真正記錄這座城市各種精彩食蹤的覓食指南，
異鄉客來到這裡，可用它遍尋美味。它也應該是一本浸染了
這座城市「人間煙火」的懷鄉指南，如我這般，深夜拿起這
本書翻幾頁，心和胃便能感受到那些熟悉的溫暖呢。

殳俏
二零一三年三月

目錄

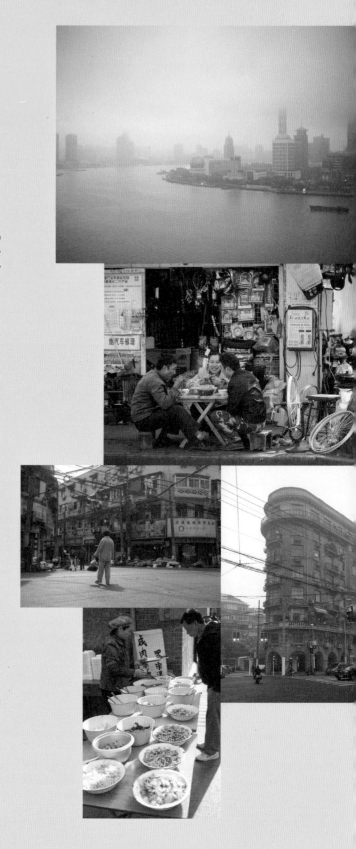

序一　　上海輪流吃　　歐陽應霽

序二　　上海煙火　　　爰俏

目錄

第一章　跟著味覺走
　　　　東西南北四天三夜路線圖
　　　東區　　　　　　p16-19
　　　南區　　　　　　p20-23
　　　西區　　　　　　p24-27
　　　北區　　　　　　p28-31

第二章　上海吃不完

第二章之一　　早安上海
　　　王師傅蔥油餅　　　　　p36
　　　東泰祥生煎館　　　　　p37
　　　大壺春　　　　　　　　p38
　　　弄堂小餛飩　　　　　　p39
　　　盛興點心店　　　　　　p39
　　　石記南翔小籠　　　　　p40
　　　萬壽齋　　　　　　　　p41
　　　美新點心店　　　　　　p41
　　　生煎鍋貼　　　　　　　p42
　　　粢飯　　　　　　　　　p42
　　　秋霞閣　　　　　　　　p43
　　　鹹豆花　　　　　　　　p43
　　　Farine Bakery　　　　p44
　　　半島酒店大堂　The Lobby　p44
　　　Madison　　　　　　　p45

第二章之二　　一麵之緣
　　　老地方麵館　　　　　　p48
　　　味香齋　　　　　　　　p49
　　　上麵坊酥鴨麵　　　　　p50
　　　大腸麵　　　　　　　　p51
　　　心樂湯麵館　　　　　　p52
　　　真如羊肉館　　　　　　p52
　　　香閣麗麵館　　　　　　p53
　　　盧大姐四川簡陽羊肉湯　p53
　　　老半齋　　　　　　　　p54
　　　蘭桂坊酒家　　　　　　p54
　　　富祥麵館　　　　　　　p55
　　　三林塘餛飩店　　　　　p55

第二章之三　　本幫什麼菜？

老吉士酒家	p58
致真會館	p59
豪生酒家	p60
海金滋酒家	p61
蘭亭餐廳	p61
阿山飯店	p62
陸家莊	p63
瑞福園	p64
小白樺酒家	p64
屋里香食府 藝術沙龍	p65
龍陽海鮮酒家	p66
東宇酒家	p67
莊祖宜 家宴	p68
《藝術世界》編輯室 家宴	p69

第二章之四　　忙裡偷甜

hoF 巧薈	p72
糖品	p73
蔡嘉法式甜品	p74
柴田西點	p75
貝蕾魔法	p76
Le Crème Milano	p76
七叶和茶	p77
Éclair	p77
La Crêperie	p78
木鴨梨餐吧	p78
紅寶石	p79
凱司令	p79
靜安麵包房	p80
申申麵包房	p80
虹口奶香糕團	p81
七寶一品方糕	p81

第二章之五　　咖啡或茶

Aroom	p84
老麥咖啡店	p85
夏布洛爾咖啡館	p86
馬里昂吧咖啡館	p87
SUMO 咖啡館	p87
質館	p88
魯馬滋 Rumors Coffee	p89
秘密花園	p89
城市山民	p90
璞素	p91
宋芳茶館	p92
春在	p93

第二章之六　　來往菜市場

大沽路菜市場	p96
羅浮路馬路菜場	p97
銅川路水產市場	p97
星頓農夫市集	p98
嘉善市集	p99
Green & Safe	p100
紅峰副食品商店	p101
管家 家宴	p102-103

第二章之七　　一蟹更勝一蟹

蓮花島老許蟹莊　　　　　　p106
成隆行頤豐花園　　　　　　p107
摩登蟹房 **Pulau Ketam**　　p108
新光酒家方亮蟹宴　　　　　p109
十面埋伏　　　　　　　　　p109

第二章之八　　大江南北

新榮記　　　　　　　　　　p112
上味小海小鮮　　　　　　　p113
桂花樓　　　　　　　　　　p114
南麓·浙里　　　　　　　　p115
大有軒精細中菜　　　　　　p116
乾悅閣　　　　　　　　　　p117
孔雀　　　　　　　　　　　p118
花馬天堂 雲南餐廳　　　　　p119
東萊·海上　　　　　　　　p120
查餐廳　　　　　　　　　　p121
囍娜湘香　　　　　　　　　p122
敦煌樓　　　　　　　　　　p123

第二章之九　　冒險家的餐桌

8½ Otto e Mezzo Bombana　p126-p127
Jean Georges　　　　　　p128
Mercato　　　　　　　　p129
Mr & Mrs Bund　　　　　p130
El Willy　　　　　　　　p131
Table No.1 by Jason Atherton p132
Franck Bistrot　　　　　p133
Cuivre　　　　　　　　　p134
Scarpetta　　　　　　　p135
de Bellotas　　　　　　p136
Bocca　　　　　　　　　p137
HAI by Goga　　　　　　p138
Ultraviolet by Paul Pairet　p139

第二章之十　　料理精神

Sushi Oyama 鮨 大山　　　p142
石見　　　　　　　　　　　p143
酒吞　　　　　　　　　　　p144
Haiku 隱泉之語　　　　　p145
魚藏　　　　　　　　　　　p146
龍之介　　　　　　　　　　p147
和萌牛腸燒烤店　　　　　　p148
Kota's Kitchen　　　　　p149

第二章之十一　　深宵發帖

The Long Bar　　　　　　p152
Al's Single Malt　　　　　p153
Le Bistro du Dr. Wine　　p153
Salon de Salon　　　　　p154
Boxing Cat　　　　　　　p154
洋房火鍋　　　　　　　　　p155
老紹興豆漿店　　　　　　　p156
耳光餛飩　　　　　　　　　p157
頂特勒粥麵館　　　　　　　p157
勝記龍鳳村　　　　　　　　p158
夜市油條豆漿店　　　　　　p159

第二章之十二　　伴手有禮

　　　　藥梨膏　　　　　　　　　　p162
　　　　五香豆　　　　　　　　　　p162
　　　　大白兔奶糖　　　　　　　　p163
　　　　花生牛軋糖　　　　　　　　p163
　　　　雲片糕　　　　　　　　　　p164
　　　　城市山民　　　　　　　　　p164
　　　　西區老大房鮮肉月餅　　　　p165

第二章之十三　　出走上海

　　　　蓮花島　　　　　　　　　　p168-169
　　　　崇明島　　　　　　　　　　p170-171
　　　　靜安公園　　　　　　　　　p172
　　　　復興公園　　　　　　　　　p173
　　　　中山公園　　　　　　　　　p174-175
　　　　古猗園，南翔小籠　　　　　p176-177
　　　　老城廂：豫園、城隍廟、
　　　　小吃廣場、上海老街　　　　p178-179

第三章　本幫經典家常演繹

　　　　四喜烤麩　　　　　　　　　p182
　　　　陳皮油爆蝦　　　　　　　　p183
　　　　墨魚紅燒肉　　　　　　　　p184
　　　　蛤蜊蒸蛋　　　　　　　　　p185
　　　　蔥燒大排　　　　　　　　　p186
　　　　醃篤鮮　　　　　　　　　　p187
　　　　蔥油蝦籽煨麵　　　　　　　p188
　　　　上海炒年糕　　　　　　　　p189
　　　　上海鹹肉菜飯　　　　　　　p190
　　　　酒釀小湯圓　　　　　　　　p191

附錄　　住宿推薦

　　　　東方商旅精品酒店　　　　　p192
　　　　紳公館　　　　　　　　　　p193
　　　　客堂間　　　　　　　　　　p194
　　　　水舍　　　　　　　　　　　p195

後記　　　　　　　　　　　　　　　p196

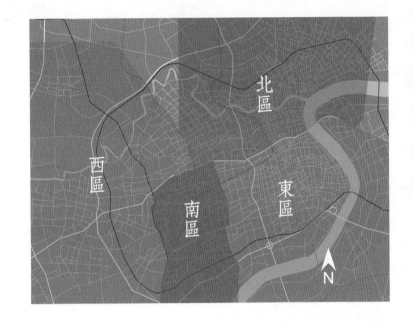

東區
北區
西區
南區
N

第一章

東南西北四天三夜路線圖

跟著味覺走

人在上海，行走覓食，公共交通上下地鐵雖然一貫擁擠但比想像中方便。當街攔截計程車也還算順利，未至絕望發飆。只是出門前要把餐廳飯店地址準確查清，目的地在什麼街跟什麼路交界，那就萬無一失不必走冤枉路。

一路走來，街名路名從陌生變熟悉。也常常利用飽餐飯後散步走動，才知道這條街是相連那條路的，腦海中一個漸見完整的街區脈絡就開始形成。再用上傳說中的「味覺定位法」，中法意德日韓，川湘魯粵杭，早午晚餐

宵夜各有其特色亮照，加上或浮誇或低調有的沒的室內裝潢，色香味覺經驗交疊重組中，讓你我深深記住某年某月某日在此吃過。

一鼓作氣吃遍城中一百二三十家大小食肆，且以上海沿江兩岸地理上的四個方向分區，編好東南西北四條四天三夜吃喝路線圖，讓這個挑戰自己的美食經驗開心啟動！

東區

第一天：**大壺春**的老上海生煎是美食之旅的低調開場，**屋里香**的精緻小菜和**瑞福園**的本幫經典都是滿滿的愜意午餐。在 **Éclair** 小坐片刻，美味泡芙是陽光下的良伴。**孔雀**的地道川味或 **Scarpetta** 的義式鄉村風味讓人回味無窮。勤力跑這些，**東宇酒家**的海鮮不會令人失望。**七叶和茶**的日式甜點是一天的完美收尾。

e4 大壺春 / e17 屋里香 / e22 瑞福園
e6 Éclair / e28 孔雀 / e27 Scarpetta /
e33 東宇酒家 / e18 七叶和茶

第二天：起個大早，在**盛興點心店**用大餛飩和雙檔做早餐。**蘭亭飯店**及**海金滋酒家**的家庭本幫味或**陸家莊**的浦東菜都讓午餐飽滿起來。**大腸麵**和**味香齋**的麻醬麵都是下午時分填肚子的好選擇。入夜，**桂花樓**的淮揚菜和 **Table No.1** 的歐陸菜讓人讚歎大廚的精細廚藝，餐後在 **Boxing Cat** 喝啤酒「助消化」。

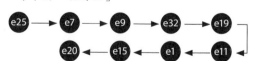

e25 盛興點心店 / e7 蘭亭飯店 / e9 海金滋酒家 /
e32 陸家莊 / e19 大腸麵 / e11 味香齋 /
e1 桂花樓 / e15 Table No.1 / e20 Boxing Cat

第三天：早餐再豐盛，午餐也要多留胃口吃**囍娜湘香**的紅火湘菜，**魚藏**的鰻魚飯即使作為午餐也很輕盈。午後，就交給 **hoF** 的巧克力甜點和雞尾酒來滿足味蕾。晚飯時段 **El Willy** 的西班牙小食或**摩登蟹房**的辣椒炒蟹各自妙。半夜，潛入上海老城區，**老紹興豆漿店**吃根油條喝碗豆漿，**耳光餛飩**吃份薺菜大餛飩，都是真正的在地生活。

e14 囍娜湘香 / e23 魚藏 / e13 hoF / e2 El Willy /
e16 摩登蟹房 / e24 老紹興豆漿店 / e21 耳光餛飩

第四天：即使是早餐，**香閣麗麵館**都有火爆的長隊。午餐在新天地吃 **de Bellotas**，感受歐式的輕鬆愜意。**蔡嘉**和**貝蕾魔法**的蛋糕會讓今日的下午茶有著糾結的選擇。晚來在外灘吃 **Bocca** 投入義式情懷，在**新榮記**的台州海鮮嘗試不一樣的海鮮和作法。**頂特勒**的粥麵能在半夜撫慰人心。

e30 香閣麗麵館 / e8 de Bellotas / e29 蔡嘉 /
e26 貝蕾魔法 / e3 Bocca / e5 新榮記 /
e10 頂特勒

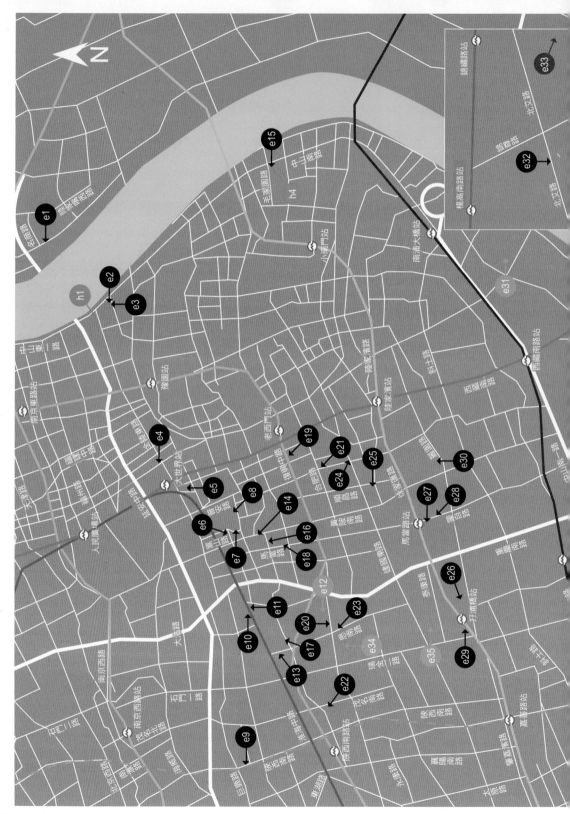

e1 桂花樓 (P114)

e2 El Willy (P131)

e3 Bocca (P137)

e4 大壺春 (P38)

e5 新榮記 (P112)

e6 Éclair (P77)

e7 蘭亭餐廳 (P61)

e8 de Bellotas (P136)

e9 海金滋酒家 (P61)

e10 頂特勒粥麵館 (P157)

e11 味香齋 (P49)

e12 復興公園 (P173)

e13 hoF 巧薈 (P72)

e14 囍娜湘香 (P122)

e15 Table No.1 (P132)

e16 摩登蟹房 (P108)

e17 屋里香食府 藝術沙龍 (P65)

e18 七叶和茶 (P77)

e19 大腸麵 (P51)

e20 Boxing Cat (P154)

e21 耳光餛飩 (P157)

e22 瑞福園 (P64)

e23 魚藏 (P146)

e24 老紹興豆漿店 (P156)

e25 盛興點心店 (P39)

e26 貝蕾魔法 (P76)

e27 Scarpetta (P135)

e28 孔雀 (P118)

e29 蔡嘉法式甜品 (P74)

e30 香閣麗麵館 (P53)

e31 上海當代藝術博物館

e32 陸家莊 (P63)

e33 東宇酒家 (P67)

e34 思南公館

e35 田子坊

19

南區

第一天：不論**生煎、鍋貼**還是**燒餅、鹹豆花**，都是常見的滬式早餐。中午時分**小白樺**的家常小菜輕鬆無負擔。下午在前法租界的綠蔭下吃片 **La crêperie** 的法式薄餅，在 **Aroom** 喝杯咖啡都自在。有閒情逛逛 **Green & Safe**，順手買些有機好食材好調料。晚上預訂好**老吉士**的海派小菜吃到 high，**花馬天堂**的雲南菜有型有格。在 **Al's Single Malt** 喝幾款威士忌，肚子又餓了，**查餐廳**的港式美味隨時歡迎你。

第二天：晨早吃完**老地方麵館**的現炒澆頭麵，抹著嘴，逛逛**紅峰**看看新鮮蔬果和進口食品。**Haiku** 的加州卷是日料優選。**申申**和**靜安**的麵包是許多上海人從小吃到大，坐在**馬里昂吧**看街角的人來人往消磨小半個下午。晚餐出發到**致真會館**必點兩頭烏紅燒肉惹人回味，或者在 **Franck** 體驗法式小情調。**糖品**的港式糖水和榴槤甜品溫暖人心，深夜去**洋房火鍋**吃港式打邊爐，又是飽足一餐。

s39 生煎鍋貼 / s40 煲飯 / s41 鹹豆漿油條 / s33 小白樺 / s18 La Crêperie / s26 Aroom / s21 Green & Safe/ s31 老吉士 / s14 花馬天堂 / s30 Al's Single Malt / s35 查餐廳

s13 老地方麵館 / s9 紅峰副食品商店 / s20 Haiku / s12 申申麵包房 / s4 靜安麵包房 / s8 馬里昂吧 / s24 致真會館 / s28 Franck / s34 糖品 / s23 洋房火鍋

第三天：**Farine** 的麵包真材實料，搭配一杯咖啡就是完美早餐。**豪生**的私房小菜是午間的簡單之選。去**城市山民**或**璞素**逛逛，在**宋芳茶館**喝杯茶，體會法國女士對中國茶的理解和演繹。晚飯約好一眾，**浙里**的杭幫菜夠地道，**Cuivre** 的法國菜放下身段最輕鬆。餐後在 **Dr. Wine** 各款啤酒換著喝，在 **Le Crème Milano** 品嚐五顏六色的 Gelato，各自美妙。

第四天：**Madison** 的早午餐輕鬆自在，逢週六逛逛**嘉善市集**，或逢週日走走**星頓農夫市集**，選購健康有機的農副產品。**盧大姐**的羊肉湯吃到暖身舒暢，午後不論在**老麥**、**Rumors** 還是 **SUMO**，都可以喝到一杯上乘的咖啡。**乾悅閣**的順德菜考究的是食材和手藝，**Oyama** 的壽司最叫人熱切期待，**HAI by Goga** 最講求活潑多樣。未過癮？**Kota's Kitchen** 的串燒和拉麵，讓這夜肯定滿足而歸。

s27 Farine / s32 豪生酒家 / s11 城市山民 / s6 璞素 / s16 宋芳茶館 / s2 南麓·浙里 / s17 Cuivre / s3 Dr. Wine / s1 Le Crème Milano

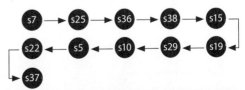

s7 Madison / s25 嘉善市集 / s36 星頓農夫市集 / s38 盧大姐 / s15 老麥咖啡店 / s19 Rumors / s29 Sumo / s10 乾悅閣 / s5 Oyama / s22 Hai by Goga / s37 Kota's Kitchen

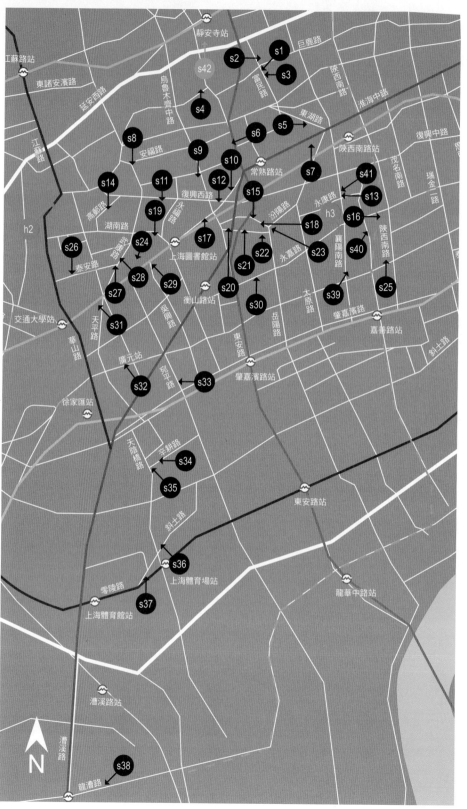

s1 Le Crème
Milano
(P76)

s8 馬里昂吧
咖啡館
(P87)

s15 老麥咖啡店
(P85)

s22 Hai Goga
(P138)

s29 SUMO
咖啡館
(P87)

s36 星頓農夫市集
(P98)

 s2 南麓·浙里 (P115)

 s3 Le Bistro du Dr. Wine (P153)

 s4 靜安麵包房 (P80)

 s5 Sushi Oyama 鮨 大山 (P142)

 s6 璞素 (P91)

 s7 Madison (P45)

 s9 紅峰 副食品商店 (P101)

 s10 乾悅閣 (P117)

 s11 城市山民 (P90)

 s12 申申麵包房 (P80)

 s13 老地方麵館 (P48)

 s14 花馬天堂 (P119)

 s16 宋芳茶館 (P92)

 s17 Cuivre (P134)

 s18 La Crêperie (P78)

 s19 魯馬滋 Rumors Coffee (P89)

 s20 Haiku (P145)

 s21 Green & Safe (P100)

s23 洋房火鍋 (P155)

s24 致真會館 (P59)

 s25 嘉善市集 (P99)

 s26 Aroom (P84)

 s27 Farine (P44)

 s28 Franck Bistrot (P133)

s30 Al's Single Malt (P153)

 s31 老吉士 (P58)

 s32 豪生酒家 (P60)

 s33 小白樺酒家 (P64)

 s34 糖品 (P73)

 s35 查餐廳 (P121)

 s37 Kota's Kitchen (P149)

 s38 盧大姐四川 簡陽羊肉湯 (P53)

 s39 生煎鍋貼 (P42)

 s40 粢飯 (P42)

s41 鹹豆花 (P43)

 s42 靜安公園 (P172)

西區

第一天：在**石記**品嘗真正南翔小籠的魅力所在。**上麵坊酥鴨麵**能把整隻鴨的精華都呈現出來，在**質館**喝咖啡順帶欣賞小型藝術展。趁著太陽好，去七寶欣賞古鎮風情，嚐嚐地道的**七寶方糕**後滿意而歸。**Salon de Salon** 是小酌微醺的導火線。

第二天：欲嚐**秋霞閣**的蘿蔔絲餅，趕早還要趕巧。**銅川路水產市場**的熱鬧勁讓人饞心大開，那就直接奔向**上味**吃寧波小海鮮。**秘密花園**喝杯咖啡，為的是迎接**成隆行**的全蟹宴。不怕膽固醇超標，**龍之介**的爐端燒再下一城。

w10 石記南翔小籠 / w9 上麵坊酥鴨麵 / w8 質館 / w23 七寶方糕 / w11 Salon de Salon

w17 秋霞閣 / w1 銅川路水產市場 / w3 上味小海小鮮 / w16 秘密花園 / w19 成隆行 / w21 龍之介

第三天：**阿山飯店**的濃油赤醬叫人感受真正本幫滋味的侵襲。**蘭桂坊**的炸豬扒配辣醬油是上海小孩的共同記憶，順路走到**柴田西點**吃根閃電泡芙感受日式西點的精緻細膩。晚餐選擇**酒吞**的日料叫人心生滿足，**真如的羊肉麵**不膩不燥。愛吃蛇肉的，**勝記龍鳳村**是個好去處。

第四天：**敦煌樓**的新疆菜有著濃烈的西北風格，**十面埋伏**的膏蟹麵相比之下很小清新。**春在**的茶好景靚，喝個氣定神閒。晚來**大有軒**的潮菜精工細作魅力十足，午夜在**和萌**大啖牛腸火鍋，粗放豪邁的勁頭持續一整夜。

w20 阿山飯店 / w14 蘭桂坊 / w15 柴田西點 / w22 酒吞 / w2 真如羊肉館 / w24 勝記龍鳳村

w4 敦煌樓 / w12 十面埋伏 / w7 春在 / w18 大有軒 / w13 和萌牛腸燒烤

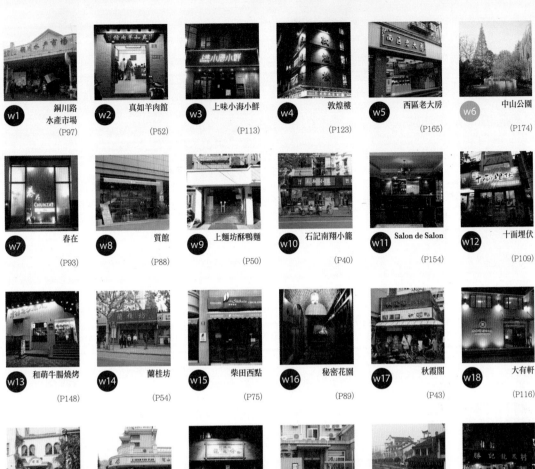

w1　銅川路水產市場　(P97)

w2　真如羊肉館　(P52)

w3　上味小海小鮮　(P113)

w4　敦煌樓　(P123)

w5　西區老大房　(P165)

w6　中山公園　(P174)

w7　春在　(P93)

w8　質館　(P88)

w9　上麵坊酥鴨麵　(P50)

w10　石記南翔小籠　(P40)

w11　Salon de Salon　(P154)

w12　十面埋伏　(P109)

w13　和萌牛腸燒烤　(P148)

w14　蘭桂坊　(P54)

w15　柴田西點　(P75)

w16　秘密花園　(P89)

w17　秋霞閣　(P43)

w18　大有軒　(P116)

w19　成隆行頤豐花園　(P107)

w20　阿山飯店　(P62)

w21　龍之介　(P147)

w22　酒吞　(P144)

w23　七寶方糕　(P81)

w24　勝記龍鳳村　(P158)

北區

第一天：**王師傅**的手拍蔥油餅在陽光下煥發著耀眼的金光。**大沽路**標準化菜市場和**羅浮路**的馬路菜市場是兩種風情兩種生活場景。**Jean Georges** 的法式午餐創意十足烹調絕妙但未必管飽，**三林塘**的大餛飩和**美新**的湯圓作為下午美點填充胃納的小角落。華燈初上有**新光方亮**的大閘蟹叫人吮指回味，**霍山路**的粢飯豆漿，一戰到底。

第二天：**東泰祥**的生煎秉承老上海特色，**心樂**的腰花麵或**富祥**的黃魚麵吃得酣暢淋漓。想走走路消化一下，意志力卻瞬間在**虹口糕團**的雙釀團前潰敗。**龍陽**的東海海鮮和**東萊·海上**的膠東海鮮各有特色。作為全球唯一的感官餐廳，**Ultraviolet** 讓人眼耳鼻舌心五感都打開。

n6 王師傅蔥油餅 / n28 大沽路菜市場 / n7 羅浮路馬路菜場 /
n15 Jean Georges / n11 三林塘餛飩店 / n27 美新點心店 /
n12 新光方亮蟹宴 / n4 夜市豆漿油條店

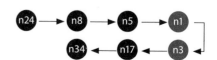

n24 東泰祥 / n8 心樂湯麵館 / n5 富祥麵館 /
n1 虹口奶香糕團 / n3 龍陽海鮮酒家 / n17 東萊海上 /
n34 Ultraviolet

第三天：一大早和衣冠整潔的白領同坐一桌吃**弄堂小餛飩**，**老半齋**的菜飯是幾十年老味道。在**夏布洛爾咖啡館**看場電影，吃吃**紅寶石**的奶油小方和**凱司令**的栗子蛋糕，恍如穿越。正裝登場有 **8½ Otto e Mezzo Bombana** 的米其林三星級水準義菜把人拉回到現實世界。在華爾道夫酒店的 **Long Bar** 小酌一杯，在璀璨的外灘夜景陪伴下，這夜真美好。

第四天：**半島酒店大堂吧**的早餐精緻且豐盛，**萬壽齋**的人龍擋不住吃小籠的熱情，轉場在**石見**感受低調雅緻的日式情懷，**木鴨梨**的提拉米蘇讓這個午後沒有壓力。**Mercato** 或 **Mr & Mrs Bund** 都是外灘的覓食優選。

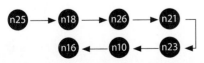

n25 弄堂小餛飩 / n18 老半齋 /
n26 夏布洛爾咖啡館 / n21 紅寶石 / n23 凱司令 /
n10 8½ Otto e Mezzo Bombana / n16 Long Bar

n29 半島酒店 The Lobby /n2 萬壽齋 /
n19 石見 / n22 木鴨梨 /
n14 Mercato/ n13 Mr & Mrs Bund

n1 虹口奶香年糕團 (P81)	**n2** 萬壽齋 (P41)	**n3** 龍陽海鮮酒家 (P66)	**n4** 夜市油條豆漿店 (P159)	**n5** 富祥麵館 (P55)	**n6** 王師傅蔥油餅 (P36)
n7 羅浮路菜市場 (P97)	**n8** 心樂湯麵館 (P52)	**n9** 上海大劇院	**n10** 8 1/2 Otto e Mezzo Bombana (P126)	**n11** 三林塘餛飩店 (P55)	**n12** 新光酒家方亮蟹宴 (P109)
n13 Mr & Mrs Bund (P130)	**n14** Mercato (P129)	**n15** Jean Georges (P128)	**n16** The Long Bar (P152)	**n17** 東萊·海上 (P120)	**n18** 老半齋 (P54)
n19 石見 (P143)	**n20** 南京路步行街	**n21** 紅寶石 (P79)	**n22** 木鴨梨 (P78)	**n23** 凱司令 (P79)	**n24** 東泰祥 (P37)
n25 弄堂小餛飩 (P39)	**n26** 夏布洛爾咖啡館 (P86)	**n27** 美新點心店 (P41)	**n28** 大沽路菜市場 (P96)	**n29** 半島酒店 The Lobby (P44)	**n30** 上海博物館
n31 外白渡橋	**n32** 外灘源	**n33** 外灘 3 號	**n34** Ultraviolet by Paul Pairet (P139)		

第二章　上海吃不完

早安上海

第二章之一

在上海的每個清晨，我幾乎都是「餓」醒過來的。

其實昨天晚飯時候飽嚐的上海本幫目魚紅燒肉加毛蟹年糕或者法式烤牛排配鵝油薯條還未正式消化完，加上我最喜愛的甜白葡萄酒也許是喝多了，醺醺還未全醒——但實在著急一嚐再嚐散落市內各弄堂角落的傳統早餐的野心永在，擔心過了時刻人氣一散就得明天請早。所以還是猛然醒來，先放下酒店本就提供的豐富早餐不顧，直奔各個現場和上學的上班的大眾一起在水氣氤氳和油香撲面的簡陋攤子

面前排隊買一碗鹹漿、一條油條、一團粢飯、一份蔥油餅、兩兩生煎、一籠湯包、一碗小餛飩，更不介意咬著一口燒賣一隻鍋貼一個梅乾菜包在越來越繁忙的清晨街道上放肆行走——

一個讓大家開心和安心吃早餐的城市是幸福的。雖然身邊的上海老朋友總是焦慮的訴說這也拆了那也遷了小時候的早餐味道都沒了，我還是努力的撿拾起這些味覺碎片，拼貼出一張當下的私人上海特色早餐地圖，然後告訴後來的更年輕的小朋友，每一天都是新的一天，起得早找對人帶路，還是可以嚐到僅存的上海早餐真滋味。

王師傅蔥油餅 n6

A 閘北區羅浮路 70 號
H 0630-1500（賣光就收舖）

唯恭唯敬的從王師傅手中接過這經過
兩面煎烙之後再烤烘，新鮮熱騰出爐
的蔥油餅，該是雙手整個持好一口又
一口細細密密咬嚙下去？還是單手掰
拉一小塊又一小塊出來再入口？

實在顧不了是否有所謂吃蔥油餅的正
宗方法，當然也不顧儀態了。唯是知
道不要阻礙排在身後人龍裡的各位，
轉身閃到馬路對面就急不及待地開吃
起來。

先是蔥香油香撲鼻，燙手燙口的吃來
外脆內酥。然後吃到餅內那傳說中最
精采最震撼的花白半透明的豬板油，
哇，不要跟我做什麼健康忠告了，反
正也沒有機會天天吃——這輩子能吃
上一次就無怨無憾了。

從小就住這附近街區，指點我來這裡
朝拜的上海友人跟我說，羅浮路菜市
場邊上王師傅這一檔蔥油餅已經是幾
代經營，用的是最傳統的上海手法，
發酵好的麵糰揉好攤平成長條，抹上
豬油油酥撒上蔥花，內裡放一塊豬板
油加強震驚效果捲就成形，放在刷了
菜油的平底鍋上，用手拍打壓平，待
一面煎得開始脆硬時，反過來再煎另
一面。反覆來回直至餅的兩面都呈金
黃色，再拿起放到煤爐的邊緣貼著烤
烘——我們這回吃到的是託友人母親
提早一小時預訂的餡料加倍餅身加厚
的「特別版」，其酥其脆其香，非筆
墨所能形容。

每當有幸在鬧市街頭吃到這些極便宜
又極好的傳統早點，不知怎的我在興
奮若狂的同時總是很傷感。

呂先生
退休人士

在王師傅的沒有招牌沒有任
何裝潢的破舊小店門前，從
清晨開攤到午後收攤，永遠
有人龍守候蔥油餅現烘出
爐。呂先生是人龍中的一
員，跟排在他後面的我微笑
著解說忙碌作業中的王師傅
的每個手勢動作。呂先生不
是街坊，但每逢路過都要過
來買上幾個這不再多見也賣
不起價錢的老手藝。你的兒
孫都跟你一樣愛吃這個嗎？
我問，呂先生笑而不答。

可能是上海唯一一家還堅持在煎烙過程中
用手拍打蔥油餅面的傳統作法了。

多少人冒名而來排隊
買這一塊蔥油餅，就
是為了當中這一塊似
融未融的豬板油！

這些年來到過上海這麼多趟，每趟勾留短則一天長則一個半月，每趟當然都有吃生煎——上海朋友提醒我，不要叫生煎包子，該跟上海人叫生煎饅頭。這個生煎經驗從最靠近入住的酒店的豐裕連鎖開始，到發跡前在吳江路的小楊生煎到大大小小各家記不起名字的。有心急入口燙到嘴唇和舌頭的，有湯汁四射彈濺衣衫的，有底板又焦又硬咬不進去的，有半冷不暖更覺油膩不堪的，至於後來吃多了慢慢得知做生煎饅頭有一派強調該用半發酵的麵糰，皮子吃來軟韌適中鬆緊正好，肉餡由搭配比例得宜的肥瘦肉末加上肉皮凍細末拌好，煎好後趁熱咬開皮子自然就有鮮燙肉汁噴湧——皮更薄汁更多曾經一度是主流，但吃多了吃膩了大家又開始追求更傳統更道地的手勢與味道。特別是饅頭的收口該是反轉過來向鍋內煎成香脆而皺摺的底板，還是收口向上煎成平坦底板，都各有說法各有擁戴。

而有那麼一個週日早上，當我終於來到重慶北路近大沽路上的生煎老字號東泰祥生煎饅頭館，把招牌項目與一眾友人一路點將下來，嘴刁的大家吃得很是滿意。相對寬闊乾淨的店堂，不慌不忙地照顧大局的服務員，手工純熟現場掌廚操作的師傅們都很討好感，先上來一盤生煎饅頭個子略小，皮薄底脆，湯汁鮮而不膩，很合乎我對「點心」的要求。再來是一碗清鮮和味的油豆腐百頁包，暖胃正好。蝦仁小雲吞即以鮮嫩輕巧取勝，再點的蔥開拌麵更是油香四溢，麵夠筋道。難得這麼完整的開始美味的一天，可見老字號的承傳發揚至少得如東泰祥般有節有度，肯定大有可為。

只見守在這口鑄鐵平底鍋前，有著掌灶師傅手執墊有把鍋轉上幾圈，掀開鍋蓋一股鮮香蒸氣撲來——生煎馬上出爐上碟咯。

祥嫩細滑鮮蝦小雲吞，爽油豆腐百頁粉絲湯。

大壺春 e4

A 黃浦區雲南南路71號（近金陵東路）
H 0730-1400 / 1500-2000

一不小心大家都成了「外貌協會」的名譽會員，未嚐味道先看長相。

如果用這標準的話，恐怕你我都會過「大壺春」其門而不入，還會對這從解放前就起家，以與另一家老牌生煎「蘿春閣」糾纏比拚幾十年而聞名的國營老字號諸多挑剔，諸如環境簡陋，沒有服務，食堂擁擠嘈雜，長期排隊等等等等。

但終於還是為食冒名而來，擠進閣樓一個轉不了身的角落，把那端在手裡一盤兩兩生煎一放入口，噫，全發酵的麵皮全吸附了肉餡裡的湯汁，吃來鬆軟潤濕，甜香鮮美。沒有噴湧的湯汁倒更讓人踏實的吃到肉餡吃到酥脆焦香的底板。這該就是老派生煎饅頭的正宗作法，兩三口一個接一個，樂滋滋油滋滋的，長知識了。

你擠我擁堆疊如山不滿賣相，就是有人排隊等吃這老作法老味道。

鄧達智
時裝設計師、
作家、
廣播人

多年老友一年到晚全球團團轉，是那種沒有約好也會在倫敦在米蘭在上海偶遇然後擁抱的傢伙。上海他混得比我熟，連吃小楊生煎也指定陝西北路的那一家，不過這回我反客為主，建議一同去試試大家都未嚐過的大壺春，對民間滋味的追尋探索絕對是日常必修課。

全店只售鮮肉生煎、咖喱牛肉湯和粉絲湯三樣食物，執著堅持有情無恐。

价目表
鮮肉生煎 5.50元/4只
咖喱牛肉湯 6.00元/碗
千张粉丝汤 7.00元/碗

雖說是小餛飩，但料是豐美。常成早點吃完可得很晚才吃午飯。

劉磊
夏布洛爾
咖啡館
合夥人

作為弄堂小餛飩店堂後門出來左側的電影主題咖啡店的主人，據說劉磊深得餛飩店老闆娘疼愛。明明餛飩在早上十一點半左右就賣光了，不知怎的遲來的劉磊還是會得到一碗吃得爽。我在這裡的第一碗餛飩也是這樣討來的，平時冷面冷眼的老闆娘重新取出皮子和肉餡包出一碗，讓我吃得也像劉磊一樣夠感情夠親切。懂了門道之後，就得準時兼走正門咯。

桌上那一小罐鮮辣粉猶如魔法瓶，那碗不起眼的鹹菜專程由周莊採購而來，是任你添加的提鮮秘器。

心情和胃口都要超好，才能在這擁擠混亂緊張吆喝的氛圍裡淡定安心吃喝。

弄堂小餛飩 n25
A 靜安區南京西路1025弄
　靜安別墅107號（近茂名北路）
T 021-6215-4718
H 上午1100前

據說也絕對相信在上海最好吃的小餛飩大餛飩，都應該是在上海人家裡自己包的。所以像我們這些路過的嘴饞為食的，就只能到處打聽城裡哪兒可吃到最有家常味道的餛飩。如果是三鮮小餛飩，一定要撒滿蔥花、蛋皮、蝦皮、紫菜，湯底還要下一點豬油，邊舀邊吃，香氣四溢格外滿足——這一切夢想終於在靜安別墅的某一條弄堂裡實現。不與晨早七點開始排隊的上班族爭位置，九點後閒適一點坐好，看著老闆娘熟練的用竹片一挑一抹用手一捏的在包餛飩，用的餛飩皮一分為二，還以擀麵棒再揉再壓加強薄滑口感，滿滿一碗熱騰騰上來，個個皮薄肉嫩縐紗，滑一個滑一個的進口，嚐得肉鮮。哈哈，果真沒有來錯！

盛興點心店 e25
A 黃浦區順昌路528號（近永年路）
T 021-5306-7325
H 0600-1700

好不容易「打」進盛興小小的店堂裡，看準那一位顧客已經吃得差不多了，在他或她身旁站著，準備稍後「接棒」。怎知又進來另一波顧客，擠得本來靠邊的我又更靠邊貼牆了，如果不篤定，搞不好還未吃到這裡著名的菜肉大餛飩，就被反擠出門外了。還好，我終於坐下，來了一碗雙檔，也就是五隻用顏色稍顯黃黑色的並非精製麵粉的「黑麵」麵皮包的鼓實菜肉餡的大餛飩，再加十二隻用精製麵粉做皮的柔滑小餛飩，兩種口感和內容先後下肚，好味滿足，得起身讓座給下一位了。

石記南翔小籠 w10

A 長寧區遵義路 563 號（近玉屏南路）
T 15821751950（外賣手機）
H 0530-2100

吃過上海 N 家自稱南翔小籠的包子
店，從南翔鎮上古猗園的吃到城隍廟
的吃到富春的佳佳的，這家跟那家的
確有一點分別，但分別又確實不是那
麼大：皮薄均勻得略為透明，拎夾起
來裡面的湯汁晃悠悠的，咬開來先
小心吸吮燙嘴湯汁，清鮮可口，然後
一啖連肉帶皮，未滿足的再拎起一個
又一個。

當吃過這家那家這種餡那種料之後，
如何挑出其中一家放在前列首選呢？
就像這家從上海友人口中聞說不錯的
石記，去了兩回，一回在黃昏一回在
晨早，兩回都碰上幾個附近的初中學
生在喳吱活潑開心吃喝。能夠吸引到
慣吃快餐漢堡的小朋友們長期光顧，
也是有相當功力甚至是一種功德吧！
而且除了平常的鮮肉和蟹粉，有我更
喜歡的香菇鮮肉，蛋黃鮮肉和筍丁鮮
肉作餡，我也不客氣的吃罷一籠再點
一籠，都在水準以上而且相比外頭的
名牌簡直便宜得多。臥虎藏龍的有為
街坊小店還是有的，就看大家的細心
發掘和用心支持了。

先天對餡肉乾坤很有情結的我，
當然樂意逐次一一試遍這一籠又一籠。

這裡的蝦肉小雲吞
小小一碗也很不錯。

認識到上海朋友吃餛飩吃油豆腐粉絲湯時候最愛下一點的香辣粉。

萬壽齋 n2

A 虹口區山陰路 123 號（四達路吉祥路間）
T 1331177328（外賣手機）
H 0530-2200

膽敢星期天一大清早去吃萬壽齋，就是為了要跟四方八面冒名而來的各路為食朋友共聚一室，結果去到還是擠不進店裡去。幸好作為地頭蛇的阿花眼明手快，在店門口露天的一桌先占了一個位置，然後一個一個位置的吞併成一桌。我們點的味道偏甜濃的鮮肉小籠，用上碱水皮子包的小餛飩，餡裡有豬肉蝦肉和榨菜的三鮮大餛飩終於有桌面安放。開業幾十年到如今，能夠守得住內容風格大概已經是食客們的福氣。

湯圓之外，美新的春卷也是吸引顧客常來的賣點。外皮金黃薄脆，內餡鮮香甜爽。

黃耶魯

Aroom
創辦人

每次旅行歸來，黃耶魯總惦記著這一碗鹹甜交織的美好湯圓，即使回到現實世界，它也有著讓人安靜心寧的魔力。趁早在店裡吃完後，還不忘打包兩盒冷凍湯圓，就算深夜在家也能隨時親近這滋味。上海小囡對湯圓永遠有一份近乎執著的熱情和鍾情。（文：踏踏）

美新賣的寧波式湯圓皮薄餡足，細滑甜燙的黑洋酥（芝麻）餡最討我歡心。

美新點心店 n27

A 靜安區陝西北路 105 號（近威海路）
T 021-6247-0030
H 0630-1800

作為在香港長大的半個廣東人，湯圓當然不陌生，但從來都是作為午後點心以致晚飯後及宵夜的甜點，連鹹湯圓也很罕有。所以當我的攝影師助手迪新第一次在早上時分在美新點心店吃到湯圓，而且還是鮮肉作餡的，簡直喜出望外。本來他愛吃的湯圓是外婆親手包的以粗粒花生作餡的甜中帶鹹香的味道，這下的突破讓他好像打開了另一扇門，對湯圓皮的滑糯厚薄，對內餡的細緻多變更有想像和期盼。當然吸引他和我的還有國營飲食店的獨特氛圍和美新點心店店招的幾個跨越半個世紀的美術字體。

生煎鍋貼 s39

A 徐匯區襄陽南路 435 號（近建國西路）
H 0630-1400 / 1400-1900

遠在認識生煎饅頭之前，我們這些從
小在香港長大的吃貨懂得的第一種上
海點心是鍋貼。為什麼這些早期在外
的上海館子不賣生煎只賣鍋貼？似乎
從來無人探究。而多年之後我在上海
問身邊上海友人為什麼既有鍋貼又有
生煎？內容其實都一樣，難道只是造
型差異？好吃的他嘗試解釋，指出愛
吃皮子有更多酥脆以致焦焦口感的人
多數更愛鍋貼。而我決定要遵守的，
就是吃鍋貼那回純吃鍋貼，吃生煎只
吃生煎，不做比較，對雙方都表示尊
重——出鍋燙熱，入口外皮焦脆，肉
餡湯汁不少不多，這鍋貼就是好。

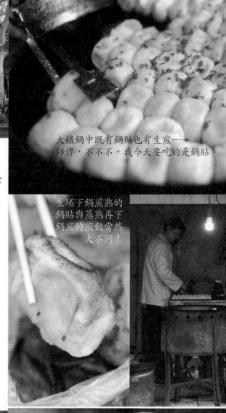

大鐵鍋中既有鍋貼也有生煎——
師傅，不不不，我今天要吃的是鍋貼。

錢小昆
2666 圖書館
合夥人

小昆沒說這是全上海最好的
鍋貼，但卻是他這十多二十
年來從小吃大的鍋貼攤子，
感情附加值，比什麼都厲害
都好吃。這麼小也這麼破的
一家店，師傅從清晨站在灶
前就那麼一鍋一鍋的煎，幾
兩幾兩的賣，賣光就收攤，
也不知什麼時候一聲令下，
拆了就沒了。

生坯下鍋煎熟的
鍋貼與蒸熟再下
鍋煎的煎餃當然
大不同！

粢飯 s40

A 徐匯區嘉善路 177 弄 1 號
H 早上 1100 前

吾生也晚，趕不上老上海人家早餐時
段隨處都有「四大金剛」同時登場的
年代了。所謂四大金剛，是大餅、油
條、粢飯、豆漿。最原始最接地氣的
民間吃食，在這超速發展的功利社會
中，賣不起價做不出規模就保不住
水準就得面臨淘汰。從前容易不過的
在大街小巷花一角幾分就可以吃到的
兩個或甜或鹹大餅，一根現炸油條，
一碗燙熱鹹漿，還有用糯米粳米配浸
蒸好，包進油條、榨菜，鹹香軟糯
扎實飽肚的一團粢飯，現在早起也勉
強可以吃得到，但同一小地方不是四
缺一就是缺二，點齊一整套又便宜又
好吃的四大金剛真是有點難度。

粢飯握在手裡燙暖燙暖的，只是油條
和榨菜作餡就已經很正宗很好。

大清早手捧粢飯邊吃邊逛，
感受附近近街區里弄民間真能量

晨早起來就吃兩個
鮮肉月餅，重口味
開始新一天！

張騰
財務總監

被身邊儕儔稱作秋霞閣鮮肉
月餅榮譽代言人，懂吃能
吃，自小就住在附近的張騰
經常人肉快遞這很為上海人
爭氣給面子的鮮肉月餅送予
各地好友。週日起個早給我
們引路，還有幸回到他典緻
的小公寓裡把包子熱了吃，
貪心多買了的半斤鮮肉月餅
就留在他家了，反正他百吃
不厭。

秋霞閣 w17

A 長寧區定西路 591 號（新華路口）
T 021-6280-3580
H 0630-1400（外賣時間）

小拳頭一樣大的混了肉末和醬油的燒
賣，是小學生上學路上邊走邊吃的。
燙熱噴香的鮮肉月餅皮薄餡多，餡色
略深也是下了醬油增色調味的版本。
包子大大個，肉餡的素菜餡的梅乾菜
餡的都皮好軟餡好足，涼了回家重新
蒸熱也還不錯。難怪每日從早上六點
開始就有斷斷續續的為食人龍，過年
過節更沒有一兩個小時排隊輪候都買
不到你心頭所好。

掰開油條蘸這碗鹹豆花，
燙熱吃喝出晨早街頭氛圍。

吃完鹹豆花，
碰巧遇上海燉子
開鍋現炸熱氣登場了。

鹹豆花 s41

A 徐匯區襄陽南路 223 號（近永嘉路）
H 早上 1100 前

仍然是小昆帶路，在他熟悉的街區弄
堂口找到一家經營了有點時日有點規
模的早餐店坐下來開吃，「一次性」
吃到了加了蔥花、蝦皮、榨菜末、香油
辣油的鹹豆花，吃到了現炸的油條，
烤好還未涼掉的大餅，還有正在下鍋
準備晚一點開賣的油燉子（也就是久
違了的曾幾何時輾轉到香港登場的炸
蘿蔔餅——只是香江版本少了一隻撐
起尾巴的連殼蝦），至於傳說中作為
下午點心的鬆脆可口的喚作老虎腳爪
的甜烘餅就欠奉了，不曉得午後再來
會否有緣吃到？

43

Farine Bakery s27

A 徐匯區武康路378號（近泰安路）
T 021-6433 5798　H 0700-1900

晨早起來想穿越：舊的新的四大金剛可以引領你我與自家先輩打招呼，而再走兩步到武康路這個街角走進法語就是解作麵粉的 Farine，在出爐手工麵包和現磨咖啡的溫暖香氣中，在這個可以完全以法語對話的店堂裡，時空挪移，你我穿越到某個連名字也唸不出的法國小鎮，吃著以當地有機麵粉人工手作的十足十傳統麵包，從 baguettes 到 croissants 到 brioches，配上一杯用一台來自美國的 Slayer 咖啡機打造的 espresso，臨窗看著梧桐落葉，看看三十秒後誰從街角拐過來？

Farine 麵包店是小巷裡 Franck 法國餐廳東主的又一用心項目，後工業室內裝潢請來滬上紅火設計組合 Neri & Hu 打造。

半島酒店大堂 The Lobby n29

A 黃浦區中山東一路32號
T 021-2327-2888　H 0600-1100（早餐）

像我這種早起的鳥，最喜歡坐上第一班起飛的航班回家或者到另外一個城市開始新的一天，所以我也經常是酒店大堂餐廳第一位吃早餐的客人。作為香港人，半島酒店熟悉不過，勾留在酒店的幾天早已放鬆舒坦有若在家。而離開的這天早上，晨早六時走進餐廳，大堂正中自助餐桌已經備妥新鮮出爐的牛角包、法棍、酥餅、小蛋糕，而凍肉、煙三文魚、酸奶、新鮮水果也都一列整齊排好。侍應長精神奕奕，把我引進昨天早上坐過的位置，清楚記得我前天和昨天吃的早餐主食，禮貌地輕聲問我今天打算來點什麼？在西式的熱麥片、蛋捲、薄餅和中式的粥麵、小籠包、煎餃和豆漿等等美味中做了選擇——我最喜愛的班尼迪克蛋和伯爵茶在幾分鐘後就熱騰騰的端上來了。我們最珍惜的服務水準和態度，在這裡分秒秒的虔誠堅守著。

多少人冒名前來吃這據說全城最好也最貴的牛角包。

懂門道的看麵包外表裂紋走向和內裡孔洞大小就能辨識此家師傅對發酵和烘焙技術的拿捏程度

全部由法國進口的有機麵粉是店堂裡安靜風景。

晨早一抹最叫人興奮的顏色！

上海 Art Deco 風格在這個用餐空間裡得到最典雅華麗的體現

在美國長大又唸完經濟學和
東亞歷史學，再進修廚藝成為
廚師的 Austin，落地上海後
矢志精選採用時令的中國本土食材
研發自家特色菜餚

見炸甜甜圈配肉桂糖粉，
如何抵擋？

堅持自家製的
黑毛豬香腸配芥末醬，
為整個早午餐劇目添加
故事細節。

Aileen
小學生

先是認識小女孩 Aileen 的嘴
饞愛吃的媽媽，然後慫恿她
把女兒也帶出來：叔叔要請
她吃花生醬及果凍聖代啊！

怎知小女孩早是 Madison 的
常客，在我們這幾個新客人
還在興奮的拿著手機搶拍端
上來的這道那道菜，Aileen
已經二話不說直奔主題享用
她的週日甜美了。現在的小
孩真幸福，年紀小小就得知
什麼是高標準好手藝，有了
這些為食新一代來為上海的
飲食大事業把關，我對未來
還是看好的！

非一般 egg benedict，
配的是重量級豬手肉餅！

週日放縱，
誰怕鵝油薯條！

Madison ⓢ7

A 徐匯區汾陽路3號2號樓1樓
（近淮海中路）
T 021-6437-0136
H 1100-1600（週六／週日）

作為 Madison 老闆兼主廚 Austin 的忠
實讀者，他在飲食雜誌上發表的之前
在美國各大餐廳廚房的實踐經驗和落
地上海後對本土食材的追尋心得，每
回都叫我看得心花怒放拍案叫絕。就
相片看來，Austin 的「份量」也足夠
叫人信服是位愛吃得義無反顧的傢
伙。當我很不好意思的跟身邊上海老
友透露我一直錯失機會親嚐 Madison
的美味，她就馬上搖了一通電話，訂
到的是兩個星期後週日的早午餐！

中午前拖男帶女的來到已經快要坐滿
的餐廳，眺高的店堂裡熱鬧的集結著
為食一眾。環顧四周桌上，寬口玻璃
杯的 Bloody Mary，白瓷大杯的辣味
香料巧克力看來是必點，蛋黃耀眼的
嫩煮蛋配豬手肉餅配鬆餅加荷蘭汁，
脆皮蝦仁漢堡配辣味蛋黃醬，傳統漢
堡配車打芝士和藏紅花蒜味蛋黃醬，
自家製黑毛豬香腸配芥末醬和鵝油薯
條，還有灑滿肉桂糖粉的現炸甜甜
圈，法式吐司配香蕉和燕麥脆粒，烤
餅配奶油和自製果醬，一一都是食客
首選——

只想無限期延長我在上海勾留的日
子，有許多許多個週六週日可以把
Austin 的創意演繹都一一品嚐，還可
邊吃邊跟這開心大廚交流為食心得，
有心便有所得！

45

第二章之二　一麵之緣

作為在香港土生土長的為食小朋友，我的第一碗「上海麵」當然不是在上海吃的。

香港九龍彌敦道上曾經有過一家上海菜館「滿庭芳」，自小帶我到那裡的我的外公外婆聊勝於無的緬懷再嚐他們年輕時候在上海生活的老好味道。記憶中大菜不常吃，吃的都是午後傍晚的點心如鍋貼、麵條、酒釀丸子等等，當中有一碗酸辣麵最得我心。跟一般有肉有筍絲木耳絲蛋絲成羹狀並加有大量胡椒粉和醋的酸辣湯沒有任何關係，倒像一碗上湯裡加了醋和辣油撒上蔥花少許雪菜的紅湯掛麵，只此一家，日後在哪裡都沒法吃到。此外常吃的就是有肉絲和大白菜和醬油一同煮就的「上海湯麵」或炒好的「上海粗炒」，吃得青菜煨麵和嫩雞煨麵已經是後來的事──所以憑直覺，自知自小吃到的「上海麵」應該都不太正宗，那就更對終有一天能在上海吃到真正的上海麵很有期待。

終於遲遲在千禧年後才第一次到上海，第一趟入住的洋房小旅館竟就在外祖父母當年居住在法租界的同一街區。第一碗吃到的麵是旅館管家上海阿姨做的家常不過的蔥油開洋拌麵，之後因工作關係頻密來往之後，德興館、老半齋、滄浪亭、夏麵館、吳越人家都一一吃過，而阿娘麵、蘭桂坊、杏花樓、老地方、味香齋、香閣麗等等都聞名未見面。當然在上海吃麵多了，也慢慢得知哪些是蘇幫麵食哪些是杭幫系統以致揚州派別，至少學懂要求一一都湯寬料足，麵夠筋道。麵痴如我一於氣定神閒的把陽春麵、蔥油開洋拌麵、鹹菜肉絲麵、刀魚麵、三蝦麵、黃魚麵、麻醬麵、涼麵、燜肉麵、大腸麵、腰花麵，一碗又一碗的吃過來吃下去──

老地方麵館 s13

A 徐匯區襄陽南路233號（近永康路）
T 021-6471-0556
H 0630-1000, 1100-1400,
　1700-1900（雙休日，晚市休息）

趁熱把蔥油拌麵拌好，雪雪入口
油香四溢，麵夠筋道！

茭菜目魚麵是清爽選擇，
現炒澆頭的爆三樣麵絕對香濃重口味。

過午就賣光的炸豬排，不裹麵粉只掛
蛋糊，猛火滾油炸就，厚軟燙熱，
灑上泰康黃牌辣醬油大咬入口。

當我們在上海的地鐵站台以及車廂裡
相互擠壓得暈頭轉向，因為要「搶」
到一個座位而神經繃緊隨時要與競
爭者語言碰撞──稍安無躁，這完全
是日久培養出來的一種掙扎求存的本
能。而我十分相信，這是從每朝早餐
開始，在街弄拐角的麵店餛飩舖湯
圓店包子店的擁擠窄小店堂裡，在吆
喝爭吵聲中，在身體極度扭曲和收縮
中訓練出來的。其實大家已經十分忍
讓了，起碼在吃罷一定要吃到的那碗
大腸麵或者蝦肉小餛飩或者芝麻湯圓
前，還是得保持最基本的文明儀態。

我就在這家享負盛名的只有不到二十
個座位的街坊小麵店裡親眼目睹一個
粗魯胖漢和大家一樣等了半小時座位
後終於可以坐下，過了五分鐘就開始
嘀咕著為什麼他點的麵還沒來。由於
他身體占的室內空間較多，怨聲也不
慎被老闆娘聽到，一向把暴烈與溫柔
控制拿捏得十分到位的老闆娘就不留
情面的把這胖漢罵得一臉屁。胖漢一
臉委曲一言不發，乖乖的吃完那碗在
十來分鐘後終於到口的麻醬麵加炸豬
排，在離桌擠出店門前才忽地轉身向
店堂裡正忙碌著的老闆娘和一室食客
破口大罵──用的是上海話，所以我
聽不懂他其實在罵什麼，但一室人當
然包括老闆娘也若無其事的各自在吃
在喝在營生。想來這個胖漢也頗聰明
踏實的，怎麼也要吃完那碗好麵才宣
洩爆發，否則一早就被老闆娘掃地出
門，嘴饞餓肚可不是一件過癮的事。

如此擁擠碰撞求食的經驗在這裡多的
是，姑且把這作為一種不可或缺的環
境氛圍，一種格外有滋有味的全方位
飲食經驗。

一人滿足吃罷一整碗麻醬麵，
恕我未能與你分吃咯！

小牛湯是招牌特式，
牛肉薄薄幾片，甚有嚼勁。

大排麵也是這裡最受歡迎的出品。

味香齋 e11

A 黃浦區雁蕩路14號（近淮海中路）
T 021-5383-9032
H 0615-2100

不知怎的經常把老地方麵館和味香齋
給混成一體，大抵因為店面都是小小
的，裝潢破破的，衛生環境也很一
般。更相似的應該就是從早到晚川流
不息的人龍，當中大多都是那種像我
一樣怎麼也得擠進去吃一碗麵才心滿
意足的吃貨。

當然，味香齋是國營老字號，據說已
有八十多年的歷史。但上海民眾最實
際，好吃又便宜才是關鍵才會擁護。
像每回來這裡必點的是一碗醬料香滑
濃稠得必須努力拌弄勻妥的麻醬麵，
帶著咖哩鮮嗆的滾燙小牛湯，添一塊
肥厚燜蹄加料，又貪吃同伴的辣肉
麵……門外排隊人龍越見洶湧，面前
的這碗麵這碗湯就越覺滋味——說來
得知這家老店，也是一位素未謀面的
友人通過微博提供的資訊，好麵傳千
里，為食萬歲！

49

上麵坊酥鴨麵 w9

A 長寧區東諸安濱路 178 號（近江蘇路）
T 021-5237-6636
H 1030-1400 / 1700-2030

其實在我們日常生活的每一街角至少
都得有一家或以上像上麵坊這樣的麵
館。低調，不張揚造作，賣的就是那
麼簡單專一的由一種主要食材幾種配
菜加上麵條主食，不費吹灰之力的演
繹出屬害架勢，以精簡勝複雜，討平
民百姓衷心歡喜忠心擁戴——本以為
這樣的店家早已消失殆盡，直至走入
這裡吃得一碗酥鴨麵。

當然你得真心喜愛吃鴨，因為這裡賣
的也只有鴨。以幼棉繩分別繫好鴨頭
鴨頸鴨掌鴨翅，還有鴨腿和大塊鴨
肉，以大鍋原湯把鴨體各部分熬燉得
酥軟入味，分碗上桌，一啖入口清鮮
不膻。配套可點拌麵或湯麵，更附百
頁包及青菜——貪心如我一定約同幾
位好友到來，先行替大家都點上不同
部位，那就可以六神合體來頓全鴨宴
咯。

愛吃懂吃的一定點這款套餐，
而且要獨占鴨頭！

乾拌麵、湯麵，悉隨尊便。

不可錯過的百頁包肉，
蹹實貼心家常口味。

大腸麵 `e19`

A 黃浦區復興中路59號（吉安路東台路間）
T 021-6374-4249
H 0900-1900

早年初到上海只因名字好玩而誤打誤撞的點了一道「草頭圈子」，方知道「圈子」就是豬大腸的肥碩粗壯的直腸部分。就像在台北要吃大腸麵線，在潮州要吃滷水大腸，在成都要吃乾鍋肥腸，在山東館子要吃九轉大腸一樣。每回在上海吃這圈子也吃得不亦樂乎，不過偶爾自己一人用餐，無法點上一盤草頭圈子，我就有了新的目標：來一碗大腸麵吧。

這些年來吃過這家那家不下幾十碗大腸麵，最最誇張、興奮、過癮、熱鬧的莫如這家直接以「大腸麵」三個醒目大字做招牌的麵館。

吃過了這麼多回，沒有一次是成功擠得進店堂裡吃的（當然店裡的環境也不是每個人都情願坐下）。反正大夥都在路邊等，短則十來二十分鐘，長則個多小時，越是兵荒馬亂，越要把這一碗大腸麵吃到，索性就在露天當眾吃得一口滑膩香濃。我一直的選擇都是大腸配鹹菜和烤麩，要乾拌不要湯麵，麵要偏硬——有回還點了雙份大腸，有回加了一片燜肉，真的是膩死方休！

店內店外根本就沒位坐
索性端麵立食好誇張。

莊哈佛

Aroom
創辦人

與老友和身邊伴創辦了叫國內外一眾小清新趨之若驚的生活概念店 Aroom 的莊哈佛，私底下如我一樣其實是重口味。單憑他經常不順路也會繞個圈去吃上這家這一碗大腸麵，就足以證明口味一旦養成就恐怕陪伴一世。當然我們也公開互勉，一年半載痛痛快快吃它一大碗也是無可厚非的。

我的經典配搭，
大腸鹹菜烤麩乾拌麵！

經過後廚多重繁複手續清洗，
滾燙、冷浸、滷煮，
依然保持大腸的肥厚酥韌鮮美濃甜，
殊不簡單，難怪天天長龍。

心樂湯麵館

A 虹口區武昌路 581 號（近江西北路）
T 021-6324-1817
H 0700-2000

在店堂裡掛得出「海上第一腸」這一
塊典雅得體的書法牌匾，可見得店家
對自己現炒的大腸澆頭還是信心滿滿
的，既是驕傲也是鞭策自勉，說得出
也就該做得到。

這小小麵館至少也有上二十年的歷
史，賣的是蘇式的湯麵，紅湯底白湯
底都有，澆頭現炒的一白瓷碟隨湯麵
另上。除了招牌的大腸麵，豬肝、腰
花也很受歡迎。街坊鄰里和冒名而來
的都安安靜靜在低頭吃喝，鄰桌爺爺
奶奶餵著小孫兒一口一口吃麵，是我
所見最好的飲食文化家庭教育。

唐奕影
餐飲從業者

點一碗辣肉絲麵配一盤炒腰花，
炒來鮮嫩不膩是其過人之處。

阿花是上海友人中既能四出
行走覓食又能把關掌廚的表
表者，多年來嚷著節食減肥
一直開懷吃喝。心樂的腰花
麵在我認識她的第一天就一
直聽她反覆讚頌，終於由她
親自引領到此體驗。平民吃
食做出如此穩定水準實在最
安撫人心。

真如羊肉館 w2

A 普陀區寺前街 1 號（近蘭溪路）
T 021-5266-5100
H 0600-2200

跑個老遠來到真如街區吃一碗紅燒羊
肉麵喝一碗羊雜湯，就是衝著相傳始
創於二百多年前清乾隆年間，幾番輾
轉易名合併聯營到今叫作「真如羊肉
館」的老字號。這裡馳名的白切羊
肉，是鎮上農民在冬季自製自吃的滋
補食品，用上自家飼養的山羊肉在陳
年老湯中不加有色調料以慢火烹煮。
而紅燒羊肉亦稱生糟羊肉，以活宰山
羊連皮帶骨切成方塊，按規格用草緊
紮入鍋，在老湯中燜得滷濃肉嫩，鮮
糯肥甜，連肉帶麵帶湯吃得一身暖呼
呼好過癮。

足料羊雜湯，
吃喝得淋漓痛快。

羊癡如我，
在此完全無防範抵抗之力。

笑說澆頭炒出來每碗都是同一個賣相，一著下去才知道是豬心抑是豬肝。

用上壓過兩趟，筋道更好的粗麵，與豬下水澆頭配搭，更見粗獷家遇。

香辣酥麻的涼麵與抄手連回想一下都會冒汗！

乳白湯頭掛在麵上等著嚓嚓入口！

汪海濱
IT 人

小學中學時候家住附近，海濱見證這街坊傳奇的起伏重生。重口味習慣從小養成，即使現在搬到別區工作生活，還是隔些日子就會跑回來吃個大汗淋漓。海濱慨嘆這些家常特式食肆其實在三五年前還真不少，但大小街區急劇改造遷拆就斷了這覓食的脈絡與興緻，也造就了僅存下來的忽然成為經典。

盧大姐在後場撿菜，二姐則在前場打點。

香閣麗麵館 e30

A 黃浦區麗園路 501 號（近局門路）
T 021-5302-5152　H 24 小時營業

每碗麵背後都有故事的話其實是很累的。但在傳奇特別多的上海，大家也是樂此不疲的創造著、轉述著、八卦著、評論著一個又一個名字的興衰起落——1987 年開業的老店也就在這附近的街區。又小又髒的，現炒澆頭用上的全是賣不起價錢的豬下水：大腸豬心豬肝豬腰應有盡有。姓葛的店主「縮頭」因為殘疾被分配到菜場賣肉，所以對處理豬內臟別有心得。開麵店後用的是老上海家常濃油赤醬的作法，配上清甜大白菜絲，澆上料酒兜炒，吃來下水鮮嫩脆滑，特別訂造的手工麵又夠筋道，當然受到坊眾熱捧。中途因動遷關門了好些日子，令捧場客懷念不已。重開後轉成廿四小時營業，正名「香閣麗麵館」，一樣紅火，每日賣個二千碗麵，傳奇繼續——

盧大姐四川簡陽羊肉湯 s38

A 徐匯區龍漕路 63 號（近漕溪路）
T 021-5464-0185　H 1000-2300

上海秋冬天氣濕漉陰冷，渾身濕重不自在。冒著微雨走到友人介紹的盧大姐簡陽羊肉湯，趕及在午飯人潮蜂擁而至的鐘點前坐下，各來一客她每趟必吃的羊雜湯、羊肉麵、四川涼麵和紅油抄手。仗賴宋美齡女士的因緣關係，經她從美國引進「努比羊」，與簡陽「土山羊」來了一趟中西雜交變種而成為「簡陽大耳朵羊」。細滑肉嫩，肥而不膩的羊雜湯，入口下肚頓覺溫暖，而幼細絲麵掛著鮮甜湯頭嚓嚓入口，再夾一片嫩滑羊肉，簡直錦上添花。再吃涼麵和抄手，四川的香辣酥麻令我滿頭冒汗精神一振濕氣全消。好奇地問一下從四川來滬的老闆娘是否就是盧大姐本尊，她友善微笑回應說她只是二姐，真正盧大姐正在後廚忙碌埋首準備應付午飯人潮呢！　　　　（文：陳迪新）

老半齋 n18

A 黃浦區福州路 600 號（近浙江中路）
T 021-63222809
H 0600-1400 / 1700-2030

自認嘴饞的有否試過，當你特地慕名遠道而來為求一解口癮心癮的時候，遇著餐廳東主有喜請吃閉門羹？或者你所想吃的都大賣特賣火速售罄，又或者食材季節未到未能應市讓你抱擁尷尬失望？說的是這趟前往百年淮揚菜老店「老半齋」。早聽說其鎮店名菜刀魚汁麵，作法是把長江三鮮之一的刀魚釘在木製鍋蓋上，以大火燒沸小火燜蒸，除魚骨以外，魚肉都變成酥爛統統都掉下鍋裡，跟鍋裡的鹹肉老母雞河蝦豬手等等好料熬製成鮮味濃稠神秘誘人的刀魚汁。也有的說只須把刀魚以紗布包好，入鍋煮爛成湯不過原來如此，食時只須加一兩手擀麵條就成了聞名的刀魚汁麵。這回果真像刀魚汁麵般不見魚蹤只有光麵一團——原來此麵只在清明前半個月才每天供應五百碗！不打緊，幸好還有香滑入味的肴肉麵，肉質鮮甜實在的獅子頭，還有身旁大媽也推薦的軟綿菜飯，都可一解嘴饞。

（文：陳迪新）

蘭桂坊酒家 w14

A 長寧區婁山關路 417 號（近仙霞路）
T 021-6274-0084
H 1100-2100

聞名不如見面，見面也得看是否在對的時間。

究竟第一次到一家餐館該是在人家最忙的中午或晚上飯點時間，還是在人潮稍退，服務員不是忙得焦頭爛額的時段呢？我等習鑽挑剔但其實又體諒關照的食客，本來就是難搞怪胎，所以在這個店堂擁擠得插針不下，人如流水的午飯時候，吃到涼了硬了的炸排骨，指甲點兒大的黃魚煨麵，還可以的爆鱔麵和蟹粉麵，我們還是相信這裡本有底氣，好，會再來。

百年老店人氣鼎旺

獅子頭做得香甜滑嫩，下飯最實在。

黃健和
出版人

我的台灣老友健和除了他的出版和策劃正職外，還有一個更重要的身分和使命，就是要騎自行車自行去吃麵，駕車載我去吃麵，以吃遍天下名麵為我們共同的奮鬥目標！每到一個城市自家吃的第一頓一定是麵。這回吃得不太爽，神情有點落寞。好，再給大家一個機會。

名譽在外，黃魚煨麵一直是這裡的主打。雪菜成茸，湯頭奶白，味鮮而不腥，就是魚片長不大。

生意紅火，足夠資源改進。

飯點時間，小小店堂裡擠滿訂取盒飯的客人。

貪心的再點了一大塊肥腴香甜的紅燒肉，見識了外號「長腳」的老闆的熱情關照。

粗糧做的餛飩皮，厚實有嚼勁。

此店不止一檔電視節目介紹過，不少老外也是回頭客，傳奇因此誕生。

富祥麵館

A 虹口區武進路 244 號（近乍浦路）
T 021-6357-3946
H 0800-1500

如果不是為食老友帶路，我是會被一路走來工地一般的環境嚇得卻步的。也擔心在這拆拆建建的過程中，這些價廉物美的「良弊」會否很快就被不知所謂的劣弊驅逐掉了。但從老友明亮堅定的眼神看來，至少也要珍惜當下吃上這一頓。

果然是名不虛傳的黃魚麵啊！小小黃魚整條去骨一分為二，糊上粉炸過，一碗五六塊嫩滑魚片少不了。鮮濃的麵湯中有雪菜和筍絲，麵條略軟，一箸挑麵一口吃魚喝湯，夠痛快。

三林塘餛飩店 n11

A 黃浦區江西中路 416 號（北京東路口）
H 0630-1800

當我們都被那些雅緻纖細的餐廳裝潢、輕巧玲瓏的餐具寵壞過，猛一回頭身處這樸實得毫不起眼的街角店堂中，木枱木板凳，端來的粗拙瓷碗中就是那厚實的幾隻「黑皮」大餛飩，咬開勁道外皮，餡料是鮮甜結實的菜肉。

從手腳俐落的端菜阿姨到在灶台前專注下餛飩下麵的小伙，都有一種開心工作熱情好客的態度，絕對比這碗飽肚餛飩還要矜貴難得。

本幫什麼菜？

第二章之三

小時候一直只知有上海菜，跟著家裡長輩上上海館子已經是跟平日粵菜口味很不一樣的開心經驗。六、七十年代香港市面一般吃到的上海菜，進店有冷盤專櫃，烤麩、素鵝、肴肉、燻魚、炸鳳尾魚、醬田螺等等一字排開；銅鍋裡小火煮著的有油豆腐粉絲、百頁包釀肉，懂得點的菜也限於紅燒獅子頭、糟溜魚片、賽螃蟹、蜜汁火方、紅燒圓蹄；湯的話從輕一點的酸辣湯，重一點的醃篤鮮、大湯黃魚、火膧雞燉大排翅只在宴席上吃過一回；點心就是素菜餃、鮮肉鍋貼、蔥油餅；甜品就是豆沙鍋餅或者八寶飯。這樣沒有變化的吃喝了十來二十年，才得知上海菜還有更嚴格的上海本幫菜的稱謂，也有海派菜的說法，不由得懷疑起自小吃的有多正宗有多上海?!

終於有機會往返上海，開始一步步進入濃油赤醬的大環境。其實上海最早也只有土生土長的本地菜，沒什麼幫別之分。菜館的三種原始類型中，第一種是經營經濟實惠的便菜便飯加少數熱炒，如鹹肉豆腐、肉絲黃豆湯、草魚粉皮、八寶辣醬等等，亦提供一菜一湯一碗飯的「客飯」。第二種是大中型菜館經營炒菜及「和菜」，最高級的和菜有八大菜、八小碗、十六圓碟、四熱葷、四點心，很有派頭。第三種就是經營喜慶祝壽鮑參翅肚筵席的高檔菜館。

自1843年開埠以來，徽、蘇、錫、杭、廣、京、川、湘、閩等等菜系菜館相繼入滬，形成了飲食界百花齊放的繁榮局面。上海酒菜業同業公會也因此分別成立了「本幫」、「蘇幫」、「徽幫」、「廣幫」、「京幫」等等分會，方便管理各幫菜館。本幫菜館除了堅持取用本地食材，擅長「紅燒」、「生煸」、「煨」、「炸」、「蒸」、「糟」等烹調方法，也逐漸吸取市場上已成氣候的徽幫菜、蘇幫錫幫寧幫菜的烹調技術精粹，不墨守陳規的推出一店多風味的組合，讓本幫菜在原有的基礎上更包容開放。上世紀五十年代陸續在香港開設的上海菜，提供的就是這類不以本幫為名的但也沒有向粵菜口味靠攏的原味菜式。

1949年解放後一眾老字號熬得過公私合營，熬不過文革，崩裂斷層元氣大傷。及至改革開放後走上市場經濟主導的路，上海本幫菜的格局規模，又從一般家常內容口味朝向更精巧更功利更結合潮流變化的方向。

人在上海，從標榜媽媽的外婆家口味的街坊小館，到強調私房獨家吃季節吃時鮮的格調小館，到自設農場耕種養殖，講究排場食器環境裝潢的尊貴檔次，一路吃來，說實話，用心就好，好吃就是，已經不再特別計較什麼才是上海本幫菜。

老吉士酒家 s31

A 徐匯區天平路 41 號（近淮海中路）
T 021-6282-9260
H 1130-1430 / 1730-2130

每個城市都該有一家私下認定為飯堂的餐廳，人在上海，想吃一頓安心穩定的上海本幫家常菜，不作他想就是老吉士。

想來多年前初到上海，第一頓晚飯就被請到老吉士。自家座中，鄰桌，鄰桌的鄰桌，每回都有認識的台灣朋友、香港朋友，全國各地為食來到上海交流的同道。所以唯一怕到老吉士的理由，就是在小小的店堂裡一下子要跟太多人 say hello。

如果你對上海本幫菜的認識還是濃油赤醬四個大字，我建議你找另一個角度入手，找一回花點時間只吃老吉士的前菜（老闆不會不高興的吧），從最傳統的鹹香入味的鹹雞，甜糯軟腍的紅棗桂花糖糯米心太軟，清香爽口的馬蘭頭捲，鹹鮮惹味的蝦子醬冬瓜，刀工和調味都一樣細緻的蒜泥白菜拌肚絲，還有還有貌不驚人卻吃不停口的腐竹燴蘑菇，熱騰騰臭哄哄的虎皮臭豆腐，吃罷真的要中場休息。

接著的正題主菜就真的要請出油亮味濃的炒鱔糊和目魚紅燒肉加蛋，好讓大家有真的在上海的感覺。我堅持每回都點的鴉片魚頭上來是「雜草」一大盤，炸過的細蔥上下包抄著以鹽及香料醃了幾小時的牙鮃（比目）魚頭，烤出來香氣十足，配上花雕吃喝到連雜草也想吃光光。

老吉士只此一家，英文店名叫JESSE，真的很上海很上海。

第一回吃到蝦子醬冬瓜，被這清麗貴相吸引住，懂得把簡單食材做得如此惹味，殊不容易。

馬千山
花藝設計師

祖籍上海的老友馬千山有如家人最知我心，每逢我策動家宴的時候，就會親自花時費事以一大鍋糖醋排骨和上百隻手工西洋菜肉餡餛飩撐場打氣，一眾新朋舊友都知道我的廚房裡還藏著這位真正廚藝高手。近年奔波於內地城市工作的這位花藝達人路過上海，當然要在老吉士小聚一下，以他的心靈手巧，下回我該能在他或我家裡吃到他下廚做的鴉片魚頭。

沒有吃上這叫甜肉腍的紅燒肉等於沒來過上海。

有此絕炒鴉片魚頭，萬萬不能禁！

精緻前菜不可錯過，
但開胃淺嘗不要吃飽
誤了主餐。

全心全意品味兩頭烏，
不要辜負那長期飼養的心血功勞。

葉孝忠
作家

新加坡老友孝忠幾乎已經是半個上海人。他長期在上海設計生活圈子做的深入尋訪報導一直是我認識上海的「內參」。他也作為「地陪」帶我吃過上海好些已經劃上句號的麵館和餐廳。因工作關係一直在外頭吃喝的他，也不免私下跟我悄悄說受不了長時間的濃油赤醬和不明來歷的食材。能夠有嚴控節制如致真會館的餐廳，實在是他這一批勾留上海的「外勞」的福音。

下回再來一定得呼朋喚友，
特別是無肉不歡的超快報名！

致真會館 s24

A 徐匯區淮海中路1726號7號樓（近宛平路）
T 021-6433-2882
H 1100-1330 / 1700-2130

早就聽聞上海有「致真」，旗下的致真酒家、致真會館、致真匯都是在飲食媒體上經常見報，老饕朋友們推薦必到一嚐的餐館。更引起我興趣的是老闆徐氏父子對食材選擇的嚴謹用心，不但在全國甚至全球各地尋訪最好的食材，從海參、花膠、走地雞、大閘蟹，到梅子、海鹽、醬油都一一講究，更自斥巨資自建農場飼養皮嬌肉貴的國寶級豬種「浙江兩頭烏」，自配飼料高成本慢養。蔬菜當然也大部分由自建農場所出，供自家應用。這回得到沈宏非老師指點關照，終於訂到致真會館的廂房好位，主題就是「兩頭烏」。

前菜出場已經叫座中一眾無法淡定：現做素鴨豆香撲鼻，醉雞肉細入味，野生子魚（鳳尾魚）酥脆甘香，油爆野生蝦更是鮮嫩無比……一切都為兩頭烏的登場做好暖身。

主角登場先來豬片兩頭烏頂級鹹肉，凝脂與精肉均勻層疊，細啖出甘腴鹹香，先聲奪人。再來的兩頭烏紅燒肉油亮醬赤，皮肉夾起來顫抖顫抖的入口，果真酥而不爛肥而不膩，相伴的百葉結也飽吸肉汁精華，簡直絕配。欲罷不能再上的是兩頭烏走油肉，充分體現久違了的上佳豬肉的鮮美品質。主題部分的漂亮句號是一客兩塊特別讓我們分吃的兩頭烏豬排，一是香煎一是蔥烤，都是脆嫩鮮甜的極致。當然席上還有其他菜如元寶煎紅蝦、紅燒獅子頭烤菜心、蝦子魚片、油燜冬筍等等，我們已經在討論如何把美味打包回去做好明天的早飯和午飯便當了。

能夠有這樣花得起時間另闢蹊徑，用心經營的酒家，叫我們吃得安心盡興，真真好。

豪生酒家 s32

A 徐匯區廣元路 156 號（近天平路）
T 021-6282-6446
H 1100-1400 / 1700-2130

這是毛姐的私房小館，可我們都說它是國際友人的飯堂。聽聽鄰桌飛舞著的日語、韓語、英語、語和夾帶台灣腔的國語，它真的是一個小圈子裡的傳奇，不張揚不高調，卻永遠讓來客安心。

這份安心其實得來不易。當年我慕名前往卻因為沒有訂位而吃了閉門羹，後來又幾次三番因高朋滿座而預訂不到，好不容易輪上我吃了第一頓，卻從此喜歡上這隨意自然的氛圍，美味用心的食物，以及個性十足的老闆娘毛姐。

沒有固定菜單，也好，我可以安心地交由毛姐發辦，由她安排搭配菜式，完全能兼顧到菜量，葷素和濃淡口味的層次。清蒸子魚、麻油素雞、薄切豬肝、八寶鴨、酸菜炒大腸，都是雷打不動每次必吃。又如糟溜野生黑魚、枸杞葉、寬韭菜等，也是花盡心思的時令菜式。每一樣食材都精挑細選，連調味品也都是毛姐旅行時帶回來或者在各進口超市選購的上等貨。說是家常的上海小菜，可絲毫不濃油赤醬，反而是清清爽爽的美味，又符合現代健康的飲食觀念。

毛姐很勤力地在外場招呼食客，間隙中還會自個兒喝幾口啤酒。勁頭上來時，就一手握著酒瓶一手拿著酒杯跑來給大夥兒敬酒，言談笑語間，大家已經成為了朋友。

大夥兒也都懂，來豪生吃飯有規矩：不拍照、不寫點評、不發微博。我現在這麼一寫，下回該我向毛姐主動罰酒三杯。 　　　　　（文：踏踏）

Grace Chen
璞素品牌
創始人

與 Grace 認識是在《璞素》店裡，她好客的給我們慢慢泡茶，細細聊天。原來世界真小，相識朋友都連成一線。就像她跟搭檔燕飛也喜歡的豪生酒家，都是由我們均認識的朋友推薦的。說起家常味道，無論在家在外，Grace 都開始了半素的習慣，好讓自己頭腦更清晰精神更集中。這個取捨過程中的其中一個關鍵就是精簡，就如我們身處的店堂小小的豪生一樣，有就有，沒有就沒有，毫不囉嗦。

清清爽爽的私房菜，是友儕間不願張揚的小秘密

還是越簡單越講究，蒸一條魚盡見功夫。

薄切豬肝一來，叫饞人如我大中午都想喝一杯

去了骨的蔥烤大排，
軟化得有夠嫩糯的！

下班一同在「家」開餐！

不要看這雞骨醬
黑乎乎的，
甜滑鹹香，
下飯正好。

麵拖黃魚外脆肉軟，
一看是年桌必點！

雪菜目魚捲，清爽和味，
又是下飯好菜。

海金滋酒家 e9

A 黃浦區進賢路 240 號（近陝西南路）
T 021-6255-0371
H 1100-1345 / 1700-2130

童年記憶中最親切的莫過於外婆包的菜肉餛飩，餛飩足料蔥花醬油湯頭好吃至今也讓我記憶猶新垂涎欲滴。在上海逗留六週尋吃這期間，最令人難以忘懷當然是有著外婆家感覺的本幫菜的味道，拍攝工作一路進行到天黑，飢腸轆轆的來到進賢路上這家海金滋，趕快點了蔥烤大排、酒香草頭、紅燒帶魚、鹹肉百葉結湯——邊吃邊放眼望向熱鬧滿座的店面，發現對所謂「外婆家味道」的迴響都是來自我們年輕這一代。天天都在外頭上班上學上線，勉強有空能自行燒菜的，都只能是省時貪便在連鎖店家買現成菜色回家翻熱就算，哪像外婆般花時間花耐心把最好最新鮮的菜燒好讓孩子孫兒回家便吃？所以能吃出一種想家回家的感覺，就是「本幫」我家真味道。

（文：陳迪新）

蘭亭餐廳 e7

A 黃浦區嵩山路 107 號（近太倉路）
T 021-5306-9650
H 1100-1400/1630-2130

有些時候很害怕排隊等位，有些時候不。感覺店子對的話怎麼也該等，心情就好，越餓越要等到夾起一箸菜吃到一口飯。

覓食經驗中第一次頂著寒風站在蘭亭門口翻著店老闆遞過來的餐牌，把要吃的一一點好：雞骨醬、麵拖黃魚、糖醋排骨、雪菜目魚捲、清炒蝦仁、清炒米莧，再來碗酸辣湯。四個人該夠吃了，老闆笑著說，夠了夠了，你點的都是招牌菜。

然後我們還是等了大半個小時才擠進這乾乾淨淨的小店裡，一邊吃一邊說：讚！

阿山飯店 w20

A 長寧區虹橋路 2378 號（近動物園）
T 021-6268-6583
H 1100-1330 / 1800-2100

看來我們已經到了一個不會隨便輕易
闖進任何一家餐館進食的時代了——
這未免對我們該有的好奇心和冒險嚐
新精神是一個打擊。就如「阿山飯
店」這樣小小一家以上海鄉下本幫菜
起家的飯店，開業二、三十年來也得
背負著成百上千份美食評論推介，成
千上萬次微博轉發，各地電視台專訪
紀錄片專題連番拍攝等等。我們在聞
訊蜂擁到此要一嚐究竟之前，早就清
楚認識原名薛勝年的這位飯店老闆小
名阿三，為把名字喊得更響更有力就
叫「阿山」。也知道這位當年大叔如
今伯伯是上海第一批由農民轉型的個
體戶，就憑自小在家裡灶前，在奶奶
和媽媽的指點下琢磨出來的廚藝，大
膽的從一份只售三角五分的肉末豆腐
做起，小本經營薄利多銷，真材實料
沒花俏噱頭的以最地道最土的上海鄉
下本幫菜打響名堂。先是贏得藝文演
藝界朋友的口碑載道，再在社會上獲
得各界認同。阿山就是阿山，坦白率
真一路走來，成名經驗不可複製，因
為如今這個社會大抵沒人像他這樣安
分守己，或者在某些人眼中的不思進
取。

說了好些年要來要來這裡好好吃一
頓，終於在老友殳俏的引見之下，認
識了阿山師傅本尊，更難得他親自下
廚掌勺，燒了幾道他的拿手招牌菜：
黃瓜焗蝦、生炒甲魚、划水和草頭
圈子，不折不扣的都是濃油赤醬重口
味。再來由他徒弟幫忙做的走油肉、
炒鱔絲、青菜麵筋和雪菜冬筍，我們
分明知道一下子吃不了這麼多也吃不
慣這麼油（連殳俏這位道地上海姑娘
也眨眨眼），但這都是老人家盛意拳
拳開心露兩手，這一桌經典菜餚也同
時見證了這個劇變時代中的順逆進
退，就是因為淡定，才能守住這家店
這些經典老味道。

殳俏
作家、
美食工作者

不知殳俏還記不記得，我倆
許多年前第一次碰面是在上
海某個偏遠老街區的一家有
點破舊的國營老字號吃晚
飯。一路吃喝談笑物移景
換，終於由她帶我到大名如
雷貫耳的滬上第一批餐飲個
體戶阿山飯店見識見識。如
她所述這是更貼近鄉下口味
的本幫菜，更濃更油才顯本
色，有效解膩去味精的方法
就是一邊吃一邊骨碌骨碌喝
可樂。

花神費工清洗出走
豬大腸的腺臟保留
本來的香腴，一盤
賣不起價錢的草頭
圈子是食客至愛。

怎樣也得一嚐
連內餡赤豆沙也是
自家磨的豬油八寶飯。

阿山師傅，
我沒有來遲！

白斬散養土雞肉質嫩滑，食味鮮香。

湯濃味美，肉皮甚有嚼勁。

老姓燒出帶有飯焦的鹹肉菜飯，別有一番滋味

汁水飽滿的豆腐塞肉，典型不過的農家菜。

鹹香入味豬臉肉最宜下酒對酌的

陸悅農

媒體人

陸家莊 e32

A 浦東新區北艾路 1418 號
　（楊高路錦綉路間）
T 021-5078-1777
H 1100-1400 / 1700-2130

從城裡跑老遠過來，更下錯了車去錯了陸家莊另一家分店，終於來到北艾路 1418 號（楊高路錦綉路間）這眨眼開了十年的標榜主打浦東菜的飯館，外面乍看只是公路旁又一家裝潢普通的服務附近坊眾的家常餐廳。對了，就是希望他保持這個老樣子，實實在在的做出浦東傳統家常口味。

為食好友初見面都在餐桌上，也全靠座中綽號地主陸的陸大哥好介紹，翻開沉甸甸餐牌抖出今日該點該嚐的招牌菜：肉質鮮香，甚有嚼勁的白斬散養土雞，家常不過的入味下飯的黃豆芽油豆腐，飽滿多汁的豆腐塞肉，簡單和味的澆進醬油麻油拌好的蒸茄子，鮮美濃郁的肉皮湯，鹹香豐腴下酒絕妙的土法鹹豬臉，內容豐富的大鍋海鮮麵疙瘩，再來有飯焦的鹹肉菜飯和煎炸得香酥的農家糯米塌餅……

本身是浦東人的陸大哥隔不久就來這裡踏踏實實的吃一頓家常菜。這裡的後廚也就是由一群浦東本地師傅執掌，純粹是師徒關係的傳授和演練，內容談不上也不必什麼創新。其實只在菜式擺盤和服務態度方面與時並進在意提昇，也不必急於進城擴充，反而可在競爭焦點以外自成風格，那就皆大歡喜。

本想跟大夥一道加入陸大哥創立並身任組長的「蘇州吃麵小組」，搭他的便車到蘇州吃麵去，但大哥說稍安無躁先去浦東陸家莊吃道地浦東口味的上海本幫菜。多吃幾回就該可分辨出浦東菜裡的，城裡商業化的與青浦農家樂式的幾種本幫菜有什麼微妙分別。

還得趁這些本來老實做自己的鄉原味在變成連鎖，為爭上檔次改賣鮑參翅肚之前好好嚐真，求神拜佛也望這些餐飲要把根留住服務坊眾。大哥更笑著補充說他姓陸，陸家莊也姓陸，但沒有直屬關係商業瓜葛。

瑞福園 ⓔ22

A 黃浦區茂名南路 132 號乙（近復興中路）
T 021-6445-8999
H 1100-1400 / 1700-2130

就是衝著本幫菜老字號瑞福園的招牌名菜，這十分有戲劇性十二分有動感的菜名「大黃魚棒打小餛飩」而來。來之前幾天還得特別留座預訂，以免遺憾。

果然這鮮美一鍋熬得乳白兼鮮美的黃魚湯被恭恭敬敬的端上來，一隻隻緝紗小雲吞在鍋裡浮沉，從賣相到食味都得高分。當然也不要冷落同樣經典的田螺塞肉，汁多肉滑一隻又一隻，紅燒肉和蔥油芋艿也在水準之上。主食點的青菜鹹肉炒飯和嘴饞欲試的粢飯糕都是完美本幫組合——國營老店一再轉型至今能有此水準已經十分難得。

陸雪
媒體策劃人

作為超級吃貨，資深的美食電視節目系列的策劃和編導，又是這個街區的老街坊，跟陸兄吃的這一頓午飯，收穫當然遠遠大於面前這幾盤他熟悉不過的菜：從上海的建城開埠，上海本幫菜的形成和演變，談到他小時候淮海路和瑞金路的原貌，再到油墩子的餡料和上面為什麼要放一隻蝦，再把祖母從前賣茶葉蛋要在煮滷水的時候放一隻鴨頭這個秘密一一抖出來，哈，我們真的賺到了。

四喜烤麩，素雞烤菜馬蘭頭拌香乾等等經典前菜是驗正本幫菜真身的法門

可能座中有人可以自家一人棒打一整盤小餛飩的

小白樺酒家 ⓢ33

A 徐匯區宛平路 297 弄 3 號（近肇嘉濱路）
T 021-6472-1867
H 1100-1400 / 1730-2130

已經過了中午飯點，店內最擠擁時候的景狀已看不到。一台又一台客人滿意的笑著結賬離開，叫我們幾個剛進店還餓著肚的信心大增。

不止一個老饕老友給我推介過小白樺，還分別指定一定要點芬香入味的槽門腔（牛舌），鹹香酥脆的鹹蛋南瓜條，馬橋豆乾紅燒肉的盡吸肉汁仍保有獨特豆香滷水香的豆乾是天下一絕，蒜香榧子和麵筋塞肉烤青菜很有家常風味——而我身邊正有一個初次到上海的吃貨，還不趁此良機再多點幾個招牌菜！開心吃喝至尾聲已經開下來的老闆娘還我們聊起如何淡定安分的守著這家開了十多年的店，我笑著跟老闆娘說，守著這些誠意家常味道的還有我們啊！

這世上肯定是有牛舌控的！

先不要著急激讚世上一個把馬橋豆乾跟紅肉煮在一起的天才，如果不把這豆乾和紅肉一塊一塊吃清光才真的笨。

再來一份清甜鮮美的小排蘿蔔湯。

特別講究的抽紗刺繡
菜巾和桌布，叫懂門道的
食客睇睇叫好。

鹹香入味的鹽水雞配上蔥油，
一口酥腴的鹹蛋黃豆瓣酥，
本幫風味盡顯。

白渾然的魚湯餛飩對應
赤醬濃油的紅燒黃魚，
視覺衝擊味覺享受。

屋里香食府藝術沙龍 e17

A 黃浦區南昌路 164 號（近思南路）
T 021-5306-5462
H 1130-1500 / 1700-2200

李泉
音樂創作人

一年到晚東奔西走，好玩的李泉不睡也不累，已經叫我很驚訝，好吃的李泉一點不胖就簡直叫我又羨又妒了！每到一城市，他一定避開那些觀光客聚集的景點和大飯店，專門跟當地朋友鑽去最最平民最生活的小攤小店開心吃喝，開放包容的增見聞長知識。但說回他自小隨家裡長輩飲宴接觸到的都是用料講究工夫精緻的淮揚菜，從而學懂對生活質素的細味和追求，此刻的他眼神裡流露的是無限的尊敬和感激。

我得坦白承認我是不折不扣的 old school，平日在國內國外城市鄉鎮居民區到處行走，一鑽進老街小巷，濕滑菜市，心裡就格外踏實。每當遇上那些幾十年來大家家裡一直應用的杯盆碗碟，那些不問出處的木頭椅桌，老柏燈吊燈，吱啊亂叫的木地板，斑駁剝落的牆壁，心裡就特感動特興奮。長居北京的台灣資深音樂人老邵知道我要在上海覓食，第一時間就幫忙引見他的好哥們：著名上海音樂人李泉。李泉我當然知道，家裡的 CD 櫃裡還有好些他早期的作品呢！

正在忙碌巡迴各地舉辦音樂會當中難得偷閒的幾天空檔中，稍息上海老家的李泉約我到「屋里香」，一家他一直歡喜重臨的，裝潢氛圍很有舊上海中西融匯碰撞風格的小餐館。店主是藝術家，店裡的裝潢擺設都一手包辦。好古懷舊的同時顛覆叛逆──這也是李泉作為音樂學院高材生一個優雅轉身進入流行音樂創作，一路走來在矛盾衝突中挑戰自己肯定自己的一種狀態。正如他的新作《天才與塵埃》中傳達過來的強烈訊息，當人終於明白自己不是天才也不是塵埃之時，才會更懂得面對和處理自己長久累積下來的創作能力，交出平和實在而又厲害的成績。

一個人，一個創作團隊，一家餐館，一個社會，都是在不斷自省後才真正有自信和自尊的。與李泉在「屋里香」的這頓午飯，桌上的風味佳餚是誘因，天南地北談飲食談創作談生活談理想更是重點。大抵李兄也是老派人，兩「老」碰撞果然有新意思。

龍陽海鮮酒家 n3

A 楊浦區軍工路 2600 號（近港水路）
T 021-6574-1738
H 1130-1330 / 1645-2130

一直覺得，這個星球上嗅覺最靈敏的生物，除了狗呀貓呀就是資深吃貨們了。如龍陽海鮮酒家這般遙遠到靠近上海地圖的邊界，周圍又黑燈瞎火交通不便的館子，愛美食愛覓食的各位也終究不會放過。

跟龍陽的緣分始於我哥的一句話：「這家店我每個禮拜要來一次。」他可是家住閔行，驅車往返需三小時吶。自從那次他帶我來開過眼界後，這裡也排上了我一週一次雷打不動的日程。即使每次呼朋喚友一桌人，勞師動眾跨過大半個上海去，也要冒著吃完飯打不到車，在空無一人的小路上走半小時到大馬路才有車的風險，為的，就是這麼一桌子手藝精巧的家常海鮮風味。

近水樓台先得月的龍陽，背靠著軍工路水產市場，占盡天時地利人和，來貨新鮮上乘又價廉物美。明檔的碎冰上鋪陳著的各類海河鮮就能讓屬貓的我們食慾大開。清蒸鯧魚、燒帶魚、乾煎小黃魚、椒鹽龍頭烤、蔥薑蟶子、白灼白米蝦、豆豉蒸小鮑魚、醉蟹鉗、炒花甲、辣炒螺絲、菜泡飯等等等等，雖然都是家裡飯桌上露臉最多的主角，也是最平易近人的常見作法，但吃進嘴裡的滋味，真比一般家庭烹飪高明地多。

這樣的海鮮大餐，不華麗不花俏，荷包不重創，滿室有歡笑，真好。

（文：踏踏）

點菜的過程就是一堂活潑生動的海產知識課。

薛海貝
Aroom 創辦人

只要你敢，我就吃給你看?!

雖然我自知是大叔輩，但他們她們口中把我老師老師的叫得又真的有點老了。可是跟大夥同檯吃飯，歡聲笑語吵翻天，我直覺是和同班同學聚餐。當中一分子是早已落戶上海跟丈夫一起努力打拚跟公公婆婆和洽相處的香港女子。Nicole 開懷吃喝肆意遊蕩築建理想小店，幸福生活無難度。

酥脆無比的椒鹽尤肚魚，可否獨占一整份?

鮮甜嫩滑的蔥薑白蟹，清鮮爽脆的薺菜冬筍。湯鮮料足的青菜海鮮泡飯，紅紅綠綠一桌胃口大增。

老闆有個性自信十足，94年開店，守了十年不裁，終於不靠任何廣告，備受懂門道的熱捧推崇。

鄭在東
藝術家

跟在東老師認識多年就是有食緣，每回見面都在飯局酒桌旁。從他台北家裡師母做的私房白水煮豬肉，到江西三清山腳樸素農家菜，再來到他已經落戶十多年的上海，除了常去的幾家本幫菜館，川沙這家原生味十足的東宇酒家是他盛讚並親自帶隊成行的絕密小館——不要瞎搞什麼創意菜，給我最原始最純粹的就好！在東老師一邊吃魚一邊說。

長得很像黃魚的長江梅子魚，用土法蒸出最鮮最美。

曝醃是上海家常的一種烹調魚鮮的作法，讓便宜魚種如小米魚吃來也肉質緊緻別有滋味。

熊魚肝肥點正合重口味！

東宇酒家 e33

A 浦東新區合慶鎮凌白公路白龍港橋東首
T 021-5897-1963
H 1100-1400 / 1600-2200

坦白說，最怕外頭把我貼上一個美食家的標籤。一旦成家，一頓飯下來從前菜開始到甜點結束，好吃與否都必須馬上給出一個說法——總覺得自己吃喝不足功力學養不夠，這實在有太多的責任無謂的負擔。其實身邊有更多的飲食高人，日常出沒的吃喝地方都是秘店，都在一般人的日常活動範圍之外，若我有幸叨陪末座蹭了一頓飯，都要掙扎良久究竟該不該把這店這地址在媒體上曝光？到頭來真的讓小店紅火起來，日日爆滿長龍不絕，把老闆和夥計都給累壞了寵壞了，也不知是不是好心做壞事?!

每回到上海，一旦勾留超過三五天，就會向鄭在東老師報告我的行蹤，常以下午到他家他工作室拜訪為名，企圖爭取機會可以跟他去吃一頓晚飯，而這一頓晚飯吃得興起又會牽引出另一頓更精彩的。所以這回跟在東老師吃湘菜的時候，他強烈推薦改天再去吃一家位於浦東機場附近川沙的專門吃河海湖鮮的東宇酒家。忙不迭舉手贊成，老師已經撥通電話約好朋友訂好座位，在這偏僻的漁港旁的酒家訂了一頓傍晚五點就開吃的晚飯。

租了一台車把同行六人都載過去，天色已暗，東宇酒家亮著霓虹燈獨立於小鎮橋頭，很有氣氛。在東老師的友人成向謙兄也來高興共飯，饒有趣味的向我們講述他十七年前「發現」東宇的逸事，那年他剛買車，貪玩從黃浦江頭一路開到江尾，還到了沿海這一隅，只見乾乾淨淨的一家店，店主做好了小菜，在進門處擺著當天的河海鮮，客人點了就現做。但偏偏客人不多，成兄問老闆怎麼沒生意？老闆淡定的說，你會不會再來？有幾個客人吃完已經說一定會再來！就靠這一點自信，東宇酒家就在固執的老闆的堅持下熬過來了，以最新鮮的河海湖食材奉客：江海交接處捕得白米蝦。帶魚、烏輪魚以及黃魚都來自東海。長江梅子魚要河裡的才夠嫩甜，加了土法做的醃菜蒸來最好。海裡捕的米魚肉質夠韌度，曝醃比煎好吃。烏輪魚很像鯧魚，但肉質味道很特別，肥美的鮰魚肚最宜紅燒——我們這晚一口氣吃了七、八種魚，後來回聽現場對話錄音，整整一小時又二十分都是嘩嘩嘩，啊啊啊，好吃好吃好吃，還有口水嗒嗒滴……

莊祖宜 家宴

跟祖宜在上海第一次見面的時候她還頂著一個圓鼓鼓的肚子，第二個男孩將在一週內出生。作為她的忠實讀者，她的人類學科博士候選人背景及叛變入讀廚藝學院再進入星級餐廳由學徒做起的經歷叫我驚嘆羨慕不已！碰上對食物對入廚充滿無比熱情的朋友，實在一見如故滔滔不絕。

隨美國外交官丈夫移居上海後，她一面要照顧小孩丈夫一面要在部落格中以文字和錄像分享她的烹飪心得和生活體驗，一面又繼續整理出版新書……忙碌並幸福快樂著的她幸運的找到一個上海阿姨幫忙收拾打掃，更厲害的是這位精打細算持家有道的楊阿姨也像祖宜一樣燒得一手好菜！和這位準媽媽約好等孩子出生後再到她家探望小 baby，祖宜當然一眼看穿我還有一個貪心嘴饞的目的——可以吃到阿姨親手做的上海家常菜啊！

一切當然就如願發生，進門先跟男女主人問好，端詳了一下熟睡中的小男生（另一個在房裡看卡通不見客），馬上直奔廚房學藝去了。楊阿姨今天燒的是母親親授的蚌肉燒豆腐，從鄰居那裡學來的糖醋小排，至於糟大頭蝦，炒一盤大閘蟹毛豆年糕，炒個豆苗，絕對有條不紊手到拿來。菜飯的作法還是放下傳統包袱，向祖宜試驗成功的簡便新法學習的，真的是互相欣賞共同進步的最佳示範。

一邊做大閘蟹毛豆炒年糕，阿姨一邊再把今晚沒有出場的另一道跟婆婆學的寧波式的蔥燒小土豆的方法講解一遍：洗淨煮軟的小土豆在平底鍋裡壓扁，加少許油以中火煎成兩面黃，撒入海鹽及蔥花，聞到蔥油香氣就可上碟——這些簡單易學的菜譜令祖宜感動不已，日常生活就該充滿這樣生猛直接的民間智慧學問。其實祖宜的奶奶和祖父本就是上海青浦人，這幾年

的上海生活就是前緣再續。說來這位外交官夫人一家四口即將離滬往別的國家上任履新，但祖宜已經很習慣通過當地朋友通過家常食物進入一個地方的本土文化，未來的飲食生活經歷將叫一眾朋友讀者萬分期待分享。

小 baby 在父母和一眾嘴饞貪食的叔叔阿姨的薰陶影響下肯定是個美食家的材料。

半開放式廚房看來就是為了阿姨向好奇的學員們示範講解。

祖宜自家研發的上海菜飯簡易好味，獲得楊阿姨高度讚揚及大力推廣，開心至極！

看來無難度的大閘蟹毛豆炒年糕，下回該輪到我來表演了。

湯鮮肉甜的蚌肉燒豆腐，是代代相傳的家常口味。

《藝術世界》編輯室 家宴

上海友人的爸媽自動請纓登場掌勺在家裡為我們做一頓家裡飯，上海阿姨在主人家為來客大顯身手燒幾個拿手菜，這都叫我們吃得肚皮撐撐幸福感滿滿。但有機會吃到一位80後上海小朋友一夫當關為辦公室十來個同事連我們幾個蹭飯的一口氣燒出的十道八道家常美味，就的確是很轟動很叫人興奮雀躍的一回事。

有天跟《藝術世界》的主編龔彥中午吃飯時聊起當今年輕朋友的吃喝習慣，我心血來潮忽發奇想說很希望能找到這樣一位愛吃能吃懂吃而且能夠自在出入廚房的小男生，給大家展示一下我們的飲食未來還是有希望的。她未等我說完就馬上笑著接過去，有，我們編輯部就有一位，每隔一段時候他就會當仁不讓的為大夥兒做一桌的飯菜，還是絕不馬虎的讓大家拍手叫好的高水準；好，就讓我來安排一下。

約好了一個新一期雜誌已經下廠付印的中午，我們到了編輯部所在的一幢修復得很有範的小洋房，因為原是住家，本就有廚房。今天的主角劉旭俊是一位高䠷的男孩，架著黑框眼鏡的聚精會神在廚房埋頭忙著，驟看有點嚴肅，但隨著一道道菜成功上桌，旭俊開始輕鬆玩笑起來，回復二十出頭的孩子的活潑可愛。旭俊的一手好廚藝可算是自學得來，但家裡有做點心廚師的外婆和做大廚的父親，雖然沒有言傳親授，但在長輩入廚時站在身邊光看就夠心領神會的了。每年年夜飯幫上忙打打下手，一理通百理明，膽子大起來就為朋友為同事頭頭是道的做起菜。今天一口氣做的糟毛豆糟鴨舌、陳皮蝦、紅燒肉、薑蔥炒蛤蜊、清蒸魚、啤酒煮大閘蟹，都是叫大家吃得開懷的家常好滋味。大夥一邊吃一邊等還在外面忙著的主編——龔彥終於趕及回來吃蟹，也完滿了今天這頓午飯的籍口：今天是她的生辰，我還買來了鮮花和紅寶石奶油小方來做甜品為她慶生呢！

煮蟹小貼士：鍋裡開火後進啤酒降低溫度，放蟹要反著放以防蟹膏過分流出。

真心相信有天分，也相信耳濡目染後天努力，旭俊一邊燒菜一邊還分享上海食麵門路。

紅燒肉減色油亮，肉質鬆緊正好，果然是經驗老手。

忍不住向主編龔彥打聽，這樣厲害的員工如何招來？！

上海小子竟然能夠蒸出一條鮮美嫩滑恰到好處的海魚，絕對壓得住在場的廣東老饕。

忙裡偷甜

午飯還未結束，飯後甜品呀水果呀還未端上來，身邊的這位那位上海朋友都先後站起來說對不起要先行告退了，約了客戶開會，下屬等著匯報，忙呀忙呀，奔的跑的——

一個國際都會，沒有閒人——即使自覺閒，更要裝著忙，真正忙的人，倒該是很懂得偷閒，在一刻半點鐘裡補充能量，恢復元氣——這個時候，帶著目的和意義的各式甜品就出現了。

不止一次目睹西裝筆挺的中年高管於午後三點在上海五星級酒店的咖啡廳點了並吃光一件又一件法式甜點（配的還是白葡萄酒），一身香奈兒的女總裁在國營老字號吃黑洋酥餡的湯團，穿著公司制服的一群阿姨在街角露天座裡每人各吃三球義大利冰淇淋店的各式 gelato，至於以談公事為名，相約在甜品店求一種輕鬆狀幸福感的男男女女就更多更多。

如果說一個城市的成熟在於真正開放包容，能夠提供多元選擇，一個急劇發展變化中的城市就需要大量的甜品：本地傳統的，手工精製的，外來進口的，混搭創新的，私房絕密的，大眾普及的。只要是甜的，或者甜中有酸甜中帶辣甜中有鹹甜中微苦的，都足以令都市眾生自療自癒，自覺有存在的意義和必要。至於因為嗜甜過分而產生的後遺症，甜品店附近總有健身房和公園跑步道的。

hoF 巧薈 `e13`

A 黃浦區思南路 30-1 號（近淮海中路）
T 021-6093-2058
H 1130-2230（週一休息）

如果沒有了巧克力，如果沒有了hoF，我們還會在哪裡碰面？

首先肯定的是我們一定會約會碰面，也很肯定像 hoF 老闆 Brian 這樣一個熱愛生活熱愛甜品的老兄一定會把已經備受讚賞的 hoF 幾個系列店繼續發揚光大。至於巧克力，本來就只是個載體，就看落在哪個人手裡變出什麼花樣？對於二十年來專注投入在糕餅甜品以及雞尾調酒領域的 Brian 及其團隊來說，只要有心，有專業技術力量配合，總會有方法讓大家甜在心頭。

機會永遠留給有準備的人——從張江高科技園區的第一家 House of Flour——hoF 穀屋，到北京西路的 C House，到思南路上的 hoF 巧薈，還有浦東陸家咀的 hoF Bar & Brasserie，上海商城的 hoF 巧克力Boutique……每次跟這位來自馬來西亞，科班出身，在世界各地星級酒店打穩基礎，2005 年落戶上海開創自家品牌的老兄在 hoF 碰面詳談，在我們之間迸發飛舞的都是無盡的創意火花，都對未來充滿熱切翼盼，開心興奮的同時當然沒有冷落了桌上的我最愛的致命巧克力蛋糕、桔味巧克力泥蛋糕、大理石芝士蛋糕……直到口乾舌燥，趕緊呷一口為我準備好的甜白酒，舉匙一點一點進攻這濃滑富足，這創意生活能量之所在。套用流行說法，跟巧克力老友每次相遇都是久別重逢啊！

巧心、用心、每一個細節動作都是成功關鍵。

項斯微
媒體人

希望斯微不要嫌我這個大叔囉嗦，上一回跟她碰面聊天，她一坐下就點了一杯超大的巧克力冰沙還加了厚厚的鮮奶油，咕嚕咕嚕一眨眼便喝光了，意猶未盡企圖再多叫一杯，我曉以大義，說女生還是不要經常喝太多冰凍的——這回約她在她也常來的 hoF，這杯最受歡迎的熱巧克力就不怕多喝了。上海的冬天比她成都老家陰冷得多，巧克力是抵禦鬱悒的妙藥良方。

致命巧克力，致命在濕潤綿軟的巧克力蛋糕夾層中，有內含脆米的軟巧克力，叫人一口下去說不出話來。

每日特選的芝士蛋糕也是用料講究，功架十足。

小小店堂每天從開門營業
到打烊都滿滿「糖粉」!

斑蘭葉熬煉的汁液造就
出腸粉的淡綠和清香,內裡
是輕奶油和啖啖榴槤肉,
既有飛揚創意亦有傳統手工。

王淼
自由職業

平日留守成都美食大本營,
時刻為家鄉川味做現場實地
報導的為食老友三小水,等
不到我們人肉空運糖品的美
味到成都,買張機票飛到上
海就直奔主題來了。這位每
到一地都會敏感細緻的搜街
覓食的女子,最欣賞糖品在
人氣急昇的同時保得住從容
淡定,堅持不斷開發創意
新品,積極聽取食客意見回
饋,穩紮穩打再進一步——
其實全國各地都該有這樣的
飲食創意實力,嘴饞的我們
實在有福。

一年一度榴槤冰皮月餅,
作為榴槤控的我搶購不到手
如何過中秋?!

榴槤雙拼,猶恐思不佳
再來三拼四拼——

糖品 s34

A 徐匯區天鑰橋路 133 號
　永新坊 1 樓 7 號舖(近辛耕路)
T 021-3368-6879
H 1200-2200(週一休息)

當我這個榴槤控得知 Brian 和他的搭
檔們會開一家結合馬來甜品和港式糖
水風格的新店,更會以層出不窮的榴
槤作品系列作為招徠主打,我已經準
備好嚴控在上海的每晚晚餐分量,一
於飯後直奔現場捨命陪果王之王了。

借助洶湧如潮的口碑好評和微博力
量,當日還在試業階段的糖品已經是
一位難求。每回我都得在快要打烊的
時候才擠得進這個以拙樸鄉土風格打
造的甜美環境中,在桌上最得我心的
大小搪瓷和粗瓷杯碟中跳躍覓食。

從嫩滑輕甜的北海道奶凍,到有大球
榴槤冰淇淋和芒果冰沙的爽榴芒;從
啖啖榴槤肉加上冰淇淋的重口味首選
絕代雙驕,驚喜混搭組合隨便,到技
術難度頗高的榴槤泡芙和榴槤腸粉,
再回歸到工夫考究的傳統豆腐花、杏
仁露、酒釀桂花鴨梨木瓜糖水等等,
還有不預先張揚也吃不到的榴槤蛋糕
——外頭生活壓力越大行走節奏越倉
促,我們這些百姓平民就越需要叫人
氣定心安,感覺良好的依靠和寄託
——經營好一家像樣夠格的甜品店糖
水舖,本身就是一記功德。

蔡嘉法式甜品 e29

A 黃浦區徐家匯路 618 號日月光中心廣場
　1 樓 F05 舖（近瑞金二路）
T 021-6093-8388
H 1200-1900

第一次吃到 Mr. Choi Patisserie 蔡嘉甜品的蛋糕是在茂名南路的 1931 餐廳，因為有預訂，一來就嚐到傳說中有口皆碑的金牌拿破崙。自問手腳不夠靈巧的實在不敢持刀切這一碰就崩裂散落的香脆酥皮。還有那夾層中細滑輕浮的鮮奶油也真的拿它沒法，好吃的為什麼都這樣折騰我等粗人，高貴真的沒法裝了。畢竟身邊摰友積極幫我一把（餵我吃 ?!）另一個餅盒裡也是預訂好的同樣叫好的榴槤蛋糕就讓他這個榴槤控帶回家獨享了。

蔡嘉甜品的女主人誠聘日本糕餅師內田富夫擔任主廚，率領年輕團隊，用上上好材料和傳統烘焙技術，在餅房裡默默製作每日預訂及堂吃的糕點，並定期研發推出新品。曾經跟朋友約在日月光廣場的 Mr. Choi 第一家門店喝下午茶，店內淡藍和乳白相配的裝潢用色和纖巧家具細節很討人歡喜。唯是室內座位空間太小，戶外也顯擁擠，加上來領取預訂蛋糕的人流不絕，較難體會下午茶的休閒自在。

聽聞蔡嘉的第二家門店在大寧中心廣場開業，更新添 chic causal dining 的概念，期待一試。

預訂到取的金牌拿破崙，等不及回家就現場開吃了。

下午茶的銀托盆中一次嚐得精選餅食各自滋味。

喚作白流蘇的栗茸鮮奶油蛋糕，強調材料都從法國入口，奶油的輕淡與栗茸的濃稠拿捏正好，風流盡得。

勇闖黑森林，濃郁鬆軟一咬又一咬不願走出來

法芙娜 Araguani 72% 黑巧克力的濃郁與
櫻桃的酸甜巧妙衝擊完美平衡，
難怪這款 La Vennus 是長期熱賣！

啖啖會感動有驚喜的
閃電泡芙。

法國朋友笑說在巴黎
也不是每家糕點店都
做到如此超高水準！

柴田西點 W15

A 長寧區紫雲西路 24 號（近遵義路）
T 021-5206-5671
H 1000-2100

一個懶洋洋的下午（或者一個裝作懶
洋洋的下午），即使跟你的工作夥伴
相約也千萬不要談公事了，來到店堂
闊落優雅的柴田西點紫雲西路本店，
先在餅櫃看上你今天最愛，然後找好
位置坐下，懶，我一定靠著沙發，點
我一向慣點的配任何甜食也不會出錯
的伯爵茶，等待片刻，招牌甜點和熱
茶就會被服務員殷勤端上——

然後，貪心嘴饞的我不僅想一人獨
占面前充滿誘惑的 CBS 閃電泡芙，
把那外皮閃亮的焦糖醬，內裡滿滿
的焦糖奶油連同那小塊法國 Philippe
Olivier 黃油和幾朵英國 Maldon 海鹽
花一口大啖，還虎視眈眈身旁老友最
愛的 La Venus。這用上法國頂級法芙
娜 Araguani 72% 濃郁黑巧克力打造
的點心，內層的慕思奶油裡還包裹著
香脆的巧克力珍珠粒——如果發生什
麼爭執的話，各自多點一個栗子奶油
Mont Blanc 和新鮮草莓塔 Tarte aux
Fraises 也就擺平了。應該不用勞煩到
來自日本的糕餅大師柴田武先生親自
來排解為食糾紛吧！

75

貝蕾魔法 e26

A 黃浦區徐家匯路 618 號日月光中心廣場
　1 樓 F07 舖（近瑞金二路）
T 021-6093-8173
H 1000-2200

巧克力的確是有魔法的，不僅吸引著
無數像你像我的巧克力控到處追尋進
口的精品巧克力品牌，跨越地域的巧
克力甜點直營連鎖，更有紮根本土的
用上進口原料結合當地文化發展出的
手工巧克力店，連藝術家設計師建築
師也跨界參與巧克力藝術概念裝置大
展──巧克力還算不算是舶來品？看
來要重新定義了。一旦中了這魔咒，
經營者不惜工本的打造整體裝潢風
格，不斷研發新品，在我們面前因此
有了以比利時 58% 巧克力製作的皇
家經典巧克力蛋糕，以阿比納 89%
可可豆製成的罪惡巧克力蛋糕，點了
酒釀櫻桃巧克力蛋糕可要當心，那一
顆德國 Bailesy 酒釀櫻桃可真會吃醉
人。

Le Crème Milano s1

A 靜安區富民路 173 號（富民路巨鹿路）
T 021-5403-3918
H 1130-2330

每次站在盛滿意式 Gelato 冰淇淋的
冰櫃前，我永遠是天人交戰三百回，
即使一次要吃三粒球三種味道，也總
是在這二、三十種色彩繽紛的各種口
味前舉棋不定。什麼愛果味或者愛
奶味，什麼舊愛要吃新味也要嚐的原
則通通瞬間瓦解。那就今天是巧克
力、朗姆葡萄和桑梅，明天是榛子、
薄荷和芒果，後天是咖啡、抹茶和百
香果，大後天是黑芝麻、開心果和草
莓，反正低脂低糖低熱量，一天又一
天每天都可以不重樣地來一遍。當得
知老闆又推出新款口味，我也正式繳
械投降承認已被完全套牢了。在這多
元多樣的自由選擇面前，選擇困難症
的我終於原形畢露咯。（文：踏踏）

暗黑主調的室內裝潢，
眾巧克力控樂在巧克力中！

罪惡呀罪惡，
有什麼魔法可拯救我？

冰淇淋、巧克力醬、甜奶油
蛋捲交織而成的美味拼圖，
惹人口水連連。

一次嚐多種口味，
滿足貪心求全的味蕾。

滿滿一冰櫃，
是五顏六色的甜蜜誘惑。

抹茶泡芙，集甘苦膩柔軟於
一身，分明成人口味。

有待爆發的抹茶熔岩蛋糕，
一發不可收拾。

身形修長的泡芙鬆軟可彈，充盈著細膩柔滑的
奶油餡，一條兩條會吃上癮。

吃一根泡芙，沏一壺熱茶，
氣定神閒地坐在室外享受陽光。

七叶和茶 e18

A 靜安區馬當路185號（近自忠路）
T 021-6336-6899
H 1100-2130

越來越害怕逛大型商場，走進去不
到十分鐘就直覺眼花撩亂，氣促心
跳——是因為人太多？還是因為這個
商場那個商場進駐的品牌差異不大沒
什看頭？必須找個地方坐下來歇會兒
——你說我本末倒置為食上心也好，
我現在的確更在意的是商場引入了哪
些獨特有趣的飲食品牌作為賣點。來
自日本的抹茶餐飲品牌七叶和茶雖然
是連鎖經營，但各家裝潢都獨立處
理，有回午後傍晚在新天地店，原木
廂房裡斜陽投影中一口抹茶雪頂白玉
拿鐵，分吃一塊抹茶熔岩蛋糕，竟有
在京都宇治的錯覺。

Éclair e6

A 黃浦區嵩山路88號上海安達仕酒店1樓
T 021-2310-1234
H 0700-2200

甜品，不管是長的圓的尖的高的矮的
肥的黃的紅的綠的，總是能毫不費力
地挑動女生的視覺神經，誘發腎上腺
素急速飆升，惹得唾液腺失控口水直
流。當我面對著櫃台裡安靜躺著的眾
多經典法式奶油泡芙 Éclair 們，我在
糾結究竟是選擇巧克力、香草這樣的
傳統味道？還是樹莓、柑橘甜酒、芒
果百香果等新派口味？還好，不都說
女生有一個專門容納甜品的胃嘛！何
況我實在愛這纖細的身型中滿是甜美
的濃漿，咬在口中真有「爆漿」的感
覺。為了這種催人幸福的滋味，我不
顧熱量的侵襲而竟然被策反，一個接
一個吃不停口了。

（文：踏踏）

La Crêperie s18

A 徐匯區桃江路1號（近東平路）
H 0530-1230（周一公休）

來一堂飲食法文課：crêperie 是吃法
式薄餅的地方；crêpe 是甜的；餅皮
顏色較深配以芝士、火腿和太陽蛋等
鹹味配料的是 galette。法國人，特別
是來自 crêpe 的家鄉布列塔尼 Brittany
的，日常都愛邊走邊吃簡單的牛油砂
糖 crêpe，有些人更可以把甜食當正
餐。而說到 galette，因為有太多配料，
吃時大家必會乖乖坐好，更愛配上一
碗他們自家製的蘋果氣酒（cidre）。

不論是在香港還是上海，La Crêperie
都是自己偏愛的一個小地方。不單
是那簡單而充滿法式海邊風情的裝
潢，不只因為在香港和上海怎樣也
找不到別家比這裡更正宗的 crêpe 和
galette，亦不只是那滿碗蘋果香讓人
一喝就舒氣順暢的蘋果氣酒，而是那
種將眼前一切都來個慢慢板，如渡假一
般的法式悠閒感覺。即使像我們這
些日夜不停趕路沒有假期的傢伙，
也自然而然暫時放鬆來這裡把酒吃
餅，mange comme un français (eat like
French)！

（文：葉子騫）

澆上火辣的烈酒 crêpe，
馬上多了一番簡單的酒意。

葉子騫
法國飯糰

作為我們這個一路開心吃喝
一路認真工作的團隊中最年
輕最趣緻的一員，Edward
不僅在我們工作室的小小廚
房裡任我這個「總廚」呼喝
指使切菜洗碗抹桌，亦不辭
勞苦的一年冬夏兩次在法國
放他的悠長假期，在微信中
以流利法語留言報導分分秒
秒在吃喝什麼。第一次來上
海的他「回家探親」，目的
是偷師回朝好讓我們能吃到
他早就答應要給大夥親手做
的 crêpes。

三五知己分享新時光，
也分享他們碟中的 crêpe！

木鴨梨餐吧 n22

A 黃浦區南京西路456號科勒設計中心
4樓（近仙樂斯廣場）
T 021-3305-1136
H 1000-2200

從來支持新生事物，百年老店也有開
步啟動的第一天。

小朋友好嘗新介紹了這家以盆栽奶茶
和盆栽提拉米蘇作為招徠亮點的休閒
餐吧。即使這些好玩有趣的創意很快
就會被同行超越，這也未嘗不是挑戰
自我繼續不斷創新的一個必經過程。

猜猜這盆栽上的「泥巴」是什麼？
小朋友最愛的奧利奧餅乾屑！

再來一客純粹高潮的攢奶油。

小小一方，不用挑戰，我可以一次連下四方。

試白脫蛋筒和哈斗以外，可得留點空間給這奶油下全是栗蓉的王牌栗子蛋糕。

殷建華
退休人士

退休前曾經在國營兒童食品廠工作，長期經手也品嚐無數優質甜食特別是巧克力的長輩是朋友的母親，退休後在兒子兒媳經營的生活小店裡一貫靈巧俐落的幫忙打點。憶起早年廠裡生產的食品都絕對是又便宜又好的良心食品。可是隨著社會經濟結構模式轉型，發展步伐急速加劇，事以獲利為先，叫大家從心態到行為都再不淡定，真正好東西反而買少見少——味道味道，本身就是時代變遷的見證紀錄。

紅寶石 n21

A 靜安區吳江路 198 號（近泰興路）
T 021-6217-6401
H 1000-2200

所謂傳奇，也許不在年歲久長，因為不思長進的勉強拖拉著反是負累。反之用心在意的，一個華麗轉身就叫人驚艷。那天第一趟第一口吃到這名不虛傳的紅寶石鮮奶小方，奶油入口清涼細滑，奶味香濃而不膩，蛋糕濕軟，夾帶菠蘿碎粒，完全是美好下午的衷心期待。而當我得知這叫我身邊的上海朋友都無一不誇獎的紅寶石，全名中英合作紅寶石食品有限公司，並非百年老店，卻是上世紀八十年代由一早年畢業於上海聖約翰大學的校友在留英多年後回國開辦的，把昔日情懷都寄託於一方簡單甜美，這就是態度，就是心意。

凱司令 n23

A 靜安區南京西路 1001 號（茂名北路口）
T 021-6267-5692
H 0930-2130

翻查資料得知創始於 1928 年的「凱司令西菜社」曾經在 59 年一度改名「凱歌食品店」，不知當年張愛玲遙遙在彼邦知悉此事是否掉過頭去冷笑三聲。

幾經轉折，西餅老字號終於回復了老派作風。就憑那白脫蛋筒裡的「hard core」白脫麥琪林（margarine），就叫我等早就告別了這些復古人造奶油的味蕾忽地被刺激起來——淺嚐還可以，再多一口都嫌肥膩了。至於為什麼閃電泡芙 Éclair 會被老上海稱作「哈斗」，且早就在上世紀已存活於上海的甜美日常中，這就得請長輩們在此邊吃喝邊話說當年了。

靜安麵包房 s4

A 靜安區華山路 370 號靜安賓館內（近烏魯木齊北路）
T 021-6112-4797
H 0715-2200

大抵每家麵包店每天都有剩餘物資，除了做慈善用途送出去給有需要的團體和社群以外，加工再造美味再生也是大家樂見的好事。名牌如靜安麵包房的 Butter Rusk 別司忌，也是用麵包乾加了黃油和糖再烘烤得甜蜜香脆，長期受愛戴追捧，需求不絕。

沒有碰上據說每天下午都在排隊等買低價處理的西點的人群，卻被兩位也在買麵包的年輕讀者把我這個嘴饞大叔給認出來了。日常好味道的擁護傳承，就是這樣一代又一代的接班。

有朝一日也會像這位伯伯，路上走累了就坐到店中一隅，喝杯咖啡，吃一片黃油濃郁，咬來脆硬香甜的別司忌

申申麵包房 s12

A 徐匯區復興西路 8 號（近淮海中路）
T 021-6437-3493
H 0715-2200

我一直管原名 Éclair 的法式點心叫「哈斗」，它曾經是我學生時代最愛的早餐夥伴，雖然從不理解它為何有個那麼古怪的名字。還有那又長又硬，老媽總是在教訓我的時候隨手拿起來做武器的「長棍」，其實它有個和法國沾親帶故而更優雅的名字「法棍」。還有那在春秋遊時總會帶上兩個的「短棍」，他們連同「羊角」和「泡芙」構築起了我少年時代對西式麵包和甜點的最初理解和記憶。所以我在申申聞著麵包香的時候，所有這些快被遺忘的片段又「嗖」的重現在腦海裡。當我毫不猶豫地嚼起核桃魔杖直至臉部肌肉有點兒抽筋時，我反而更開心更動容，也的確是想讓心緒暫時回到童年那無憂無慮的好時光。

（文：踏踏）

法式長棍落滬之後演變衍生成如此外硬內韌，十分為大眾喜愛。再一次證明無所謂正宗只有變通的硬道理

軟韌有勁的水磨糯米為皮，
包著油條和鹹菜，還有甜的
黑芝麻（洋酥）加糖為餡的
精彩版本！

為長見識兼飽胃納，面
前的各式糕團都得趕緊
各買一個。

當中有久聞大名的內裡流有豆沙和
黑芝麻餡的雙釀丸！好吃的不得了——

方方正正的造型，純純樸樸的顏色，
未吃已知正氣！

上海傳統名點海棠糕，
烘好掰開來有豆沙餡和些許豬板油

虹口奶香糕團

A 虹口區四川北路 2305 號之 2
　（近虹口足球場站）
H 0630 開始

當我們對法式的 macaron 杏仁餅、
Éclair 泡芙、義式的 gelato 冰淇淋、
英式的 scone 餅乾配奶油和手工果
醬、日式的抹茶熔岩蛋糕的配方和做
法都瞭如指掌，對其風味和格調讚不
絕口之際，可有回頭眷顧一下從來就
在我們日常生活中的本地傳統甜食？
如果我們嫌棄這些糕團店又小又破，
口味不夠多元創新，這是我們沒有動
員自家以致社會之力去扶助一把！是
行動的時候了，多多幫襯並廣為宣傳
吧，嗜甜的吃貨們！

七寶一品方糕

A 閔行區七寶古鎮老街內

七寶古鎮老街從早到晚車水馬龍（其
實是兵荒馬亂），沒有「特殊」目的
不敢亂逛。直奔主題吃過湯圓吃過白
切羊肉，有了氣力就可以來買沉甸甸
的方糕。

單就賣糕售貨阿姨的誠懇熱情，就
值得每款買一件回家仔細嚐嚐。造
型方正的糯米糕混入不同材料因此有
不同成色長相，血糯米的、艾草的、
無糖芝麻餡的、桂花豆沙餡的、南瓜
味的，都買，家裡老人一定喜歡——
有朝一日你我都是老人希望還能吃得
到。

咖啡或茶

第二章之五

家裡櫥櫃有一個角落，好好安放存留有外公外婆當年用的一雙咖啡杯碟和一套茶具。記憶中兩老在晚年期間，還是有喝咖啡的習慣，而且是早上喝咖啡，午後才喝茶。這可會是年輕時候在上海生活和工作時培養出來的習慣？後悔當年我年紀太小，只看著兩老喝，沒有問。

每個年代各有社會消費習慣和飲食潮流，個人也有各自喜好：上海老一輩習慣在南市老城廂「孵茶館」；張愛玲每朝從夢中被公寓樓下隔壁的起士林咖啡的香氣喚醒，分別與閨蜜炎櫻、蘇青等等在霞飛路和靜安寺一帶的咖啡館聊天喝咖啡喝巧克力吃奶油蛋糕；或是王安憶的小說《長恨歌》裡提到老大昌的巴西咖啡。南京東路

上由白俄於 1941 年開設的馬爾斯咖啡館後來改名東海咖啡館，在 09 年關門大吉前，一直堅持用玻璃壺煮咖啡，直到廠家停產才改用不銹鋼壺；衡山路 1 號已經關門的衡山咖啡館，據說是文革以後於上海開設的第一家咖啡館，只賣清咖和奶咖……這些因為種種原因退出舞台的咖啡館，肯定在不少老上海的回憶中占上一定位置，結業了不免是個遺憾。但換一個角度，新的日常聚會社交場合亦如雨後春筍，喝咖啡吃茶連接輕食以及各種文化活動，百花齊放日新月異。無論經營是成是敗，都確實屬於這個沸沸揚揚的時代——外面是如此紛擾喧鬧，就推門進來休息一會平靜一下，咖啡，或者茶？

Aroom s26

A 徐匯區泰安路120弄衛樂園
　15號（近華山路）
T 021-5213-0360
H 1200-2030（週一休息）

一路行走，一路張望，一路取捨。當
時分變成年月，原來身邊不知不覺已
有了這好一些累積。在這些有形無形
的物件和意象將被塵封，永遠藏進現
實和記憶的更深處之前，一時衝動
把它們都拿出來抖抹抖抹——幸運的
是，面前恰巧出現了如此理想的一個
家居空間，讓這一切路上撿拾搜集回
來的物事都可以好好陳列安放，在對
的時候與對的人分享。

兩對夫婦好友黃耶魯和莊哈佛，
Nicole 和 Alex，同時都愛旅行愛飲食
愛家居生活雜貨，理所當然的促成
了 Aroom 這個像私家花園和客廳的
舒服自在地。當大家都急急把小資呀
屌絲呀等等標籤拔掉的今天，在這裡
還真可以跟來自五湖四海志趣相投的
人微笑著打個招呼，跟似曾相識的安
靜擺放在這個那個角落的一只皮箱一
台相機一個手縫布偶再續前緣。又或
者，點一杯茶一份手工蛋糕，自個兒
在窗前小几旁拉一張沙發坐下，讀幾
頁書安神定緒，整理一下有點紛亂的
思路。長途行旅之後回到家，一切都
好。

唐七
自由撰稿人

上海街巷遊蕩中跟身邊老友
叟俏說，是時候歇一下找些
朋友到 Aroom 喝茶聊天咯。
她眨眨眼，唔，就找唐七
吧。然後她又眨眨眼，不用
跟她約，也會在 Aroom 碰
到她的。果然，作為資深生
活及美食作者，唐七絕對可
以是 Aroom 的形象代言人。
但她堅持她只是路過的，因
為她也像 Aroom 的幾位主
持一樣，家在路上，推窗開
門，在世界的另一端為自己
為大家尋找生活中的種種貼
心體驗和創意靈感。

一室各有來歷的舊物
各有故事，花上大半天
逐一端詳不覺時日過。

小小廚房為泰家準備手工
點心。其實最總最幸福的
是廚房裡一邊做邊吃的
小朋友。

作為 Aroom 吉祥物的
「海明威」，每個客人
回來都第一時間跟牠打招呼。

每回路過相遇相識，
都是久別重逢——

漆成墨綠的窗戶推開，
院裡更多更自然的綠
撲捲進來，真厲害！

一室樸拙隨意，
都在設計之中預料之外。

老麥咖啡店 s15

A 徐匯區桃江路 25 號甲（近衡山路）
T 021-6466-0753
H 1100-1930（週二至週四）/
　 1100-2130（週五至週日）

老麥不老，09 年才開業的一家咖啡
店，但有緣覓得這個老街角的這棟老
房子，頓時就有了歲月變幻的滄桑
質感。這幢建於 1927 年的德國折衷
主義風格花園洋房，曾經為德國駐滬
領事住宅，解散後又被中國科學院接
收，成為副院長周仁夫婦的居宅。現
時老麥咖啡店的所在是大宅的副樓，
曾經用作車庫，所以門面走道和樓梯
間都窄窄小小的，窗戶地板牆身大多
都是原來裝飾構件，倒也為這裡平添
親暱私密的觸感。

一個城市固然有她的大歷史，有種種
檯面上的輝煌。但更重要的是留得住
那些在平民百姓日常生活街巷中的歲
月痕跡，好讓來來去去的人在街頭巷
尾偶爾佇立片刻都有那麼一種似曾相
識的知覺。店主老麥笑說自己是個
「收雜貨」的人，他也的確在附近開
有一家雜貨舊物舖，而咖啡店的內部
裝潢情調風格，就是他從多年自家的
藝文行旅生活和友儕關係中累積撿拾
出來的拼貼組合，雜亂中又見章法，
一如生活本身。

拜訪老麥咖啡店的那個午後，天氣轉
涼天色轉暗，室外室內的戲劇氛圍超
強，我跟老麥說這「矯情」可真的是
天意，風一過，店前落有一地黃葉。

夏布洛爾咖啡館

A 靜安區南京西路 1025 弄 靜安別墅
　93 號 1 樓（南匯咯南京西路口）
T 021-6253-1906
H 1230-2330

愛電影，尤其是愛藝術電影的影迷
們，定當不會不曉得這家窩藏在靜安
別墅中的夏布洛爾咖啡館。男女文藝
青年們蜂擁而至這家和法國新浪潮導
演五虎將之一的夏布洛爾同名的小咖
啡館，為了感受一下迷影的思潮和氣
息。

店主是劉磊，我們都愛親切地喚他
「石頭」，這整牆的書架上塞的滿滿
的電影書籍和雜誌，許多還是他不辭
辛苦地從台灣扛回來的遠流電影館系
列叢書，內行的當然都懂。牆上不少
歐洲藝術電影海報顯示著他的喜好，
老式古樸的家具和椅子四處陳放，自
在而慵懶的爵士或民謠調調夾雜著濃
郁的咖啡香飄蕩在空中，舒適愜意地
讓人一窩就是一下午。其實我最愛抓
著石頭聊電影談音樂，這位文藝工作
者也是上海文青圈的中堅力量。運氣
好的話，還能嚐到他親自熬煮的酸梅
湯或綠豆湯。

下午是享受陽光和音樂，晚上便是小
範圍的電影放映。一百吋的投影機光
影斑駁，黑暗中一雙雙眼睛因電影而
發亮閃爍，恍如六〇年代法國電影資
料館時期的迷影情懷交錯著時間和空
間重現一般，令人動容。

就如村上春樹所言：如果一個城市沒
有願意開咖啡館的人，那這個城市無
論多有錢，都只是一個內心空虛的城
市。上海，真是有了這樣愛咖啡愛電
影的你我他，才更可愛更讓人眷戀
吧！　　　　　　　　　　（文：踏踏）

石頭自製的桂花酸梅湯，
不是天天有，見到則必嚐。

咖啡館收藏不少電影書籍和
海報，坐定翻閱，一下午的
時光悄然流逝。

同在靜安別墅的 2666 圖書
館，也是石頭和友人合開，
滿室書香。

我們，從來沒有能夠變成，我們所想像的那個樣子，快樂也好，不快也好，我們不願做像別人手上的刀……

我們在大街上喝咖啡在橋下喝咖啡在深夜的南京東路南京西路上喝咖啡，在外灘三號六號十二號十八號一切號喝咖啡在喝給別人看喝給自己聽。

每一杯咖啡，都由資深咖啡師悉心製作，漂亮多樣的拉花也會是愛上咖啡的理由。

一個人，或兩三人，都可以閒適慵懶地消磨一下午

馬里昂吧咖啡館 s8

A 徐匯區武康路 55 號（近安福路）
T 021-5404-2909　H 1000-0100

第一趟在馬里昂吧咖啡館坐下，就有幻覺自己究竟是身處巴黎、倫敦，還是紐約，還是阿姆斯特丹的幾乎一樣的街角一樣的氛圍，連進進出出的各式人等用各種語言交談，更多的是面對一台隨身電腦，連接世界的另一端——好了，這卻又真實的是在上海，在武康路與安福路交界。忍不住抄一段馬里昂吧咖啡館小組組長 Anoldstar 在豆瓣發表的宣言，時為 06 年 5 月 26 日：「……我們的咖啡是我們的美酒，是我們的孟婆湯和毒藥，是我們迎接生活和歡送友人之水，它是一切水，是一切表情……我們是馬里昂吧咖啡客，我們是咖啡重癖者，我們帶著盔甲生活——」

單就這一宣言，我就值得在這裡點一杯拿鐵，望著不再有舊報紙糊的天花發呆、空想，等著有什麼會發生——有事發生的可能在另一個時空，在東京或者香港的馬里昂吧！

SUMO 咖啡館 s29

A 徐匯區吳興路 5 號（近淮海中路）
T 021-3461-6682
H 1000-2200（週一至週四）/
　1000-2300（週五至週末）

在上海這個繁華的國際大都市整日兜兜轉轉忙不停歇，我承認，我偶爾也想定下心來安下神來和自己好好說說心底話。熱鬧的淮海路往西多走幾步轉個街口就和 SUMO 相遇了，我喜歡這兒的寧靜，能讓我心神舒坦地和自己獨處。當然我也愛這裡的義式咖啡，新鮮烘焙的豆子們每週遠渡重洋從舊金山著名的 Ritual Coffee Rosters 而來，混合咖啡豆亦會隨著每季當令的咖啡豆而改變搭配和比例。對於專業級的咖啡鑑賞者來說，看到店裡那台 La Marzocco GB5 咖啡機，自然就會領略到他們的專業範兒了。

（文：踏踏）

質館 w8

A 長寧區江蘇路 398 號舜元大廈
　　停車場入口處（近宣化路）
T 021-6215-1008
H 0800-2000

還清楚記得許多許多年前在義大利
米蘭的那個心跳不已的早上。我貪
玩，看見當地型男美女清晨就站在咖
啡吧台那麼優雅瀟灑地喝那一、兩杯
expresso 甚至 double expresso。我有樣
學樣，還很裝酷的持杯倚著吧台，吩
咐身邊伴替我拍照，怎知就是這一小
杯又濃又黑而且無糖的 expresso，空
腹喝下叫我的心異樣猛跳了一整個早
上，害得我好長的一段日子都有心理
陰影不大敢喝咖啡。當我把這件陳年
糗事向多年台灣老朋友——質館的老
闆鄭松茂老爺匯報，老爺倒是氣定神
閒的告訴我，喝咖啡是要學習的，也
就是入門先要問禁，才能開竅。

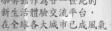

有質才有品，
質館這個好名字
可堪玩味。

質·館
Essence Café

李雪
雜誌編輯

質館這裡就是有系統的整理並提供了
十八種來自非洲、亞洲、中南美洲的
精品咖啡，你可以從菜單上了解這些
通過了美國精品咖啡協會 SCAA 認
證的咖啡豆的產地，莊園和風味等訊
息，專業的服務員在實驗室一樣的吧
台裡精準的用電子秤、溫度計、量杯
和計時器調控著每杯咖啡的水溫，水
百分比重和沖煮時間，保證你喝到的
每一杯咖啡都達到最佳品質，最好口
感。

阿雪是我認識的眾多雜誌編
輯中特細心特能幹同時也特
神經質的一名。已經是有一
個六歲女兒的媽媽，她的女
兒倒真比她還淡定穩重，所
以我跟阿雪說，質館這裡這
麼多優秀的精品咖啡，每次
只能喝一杯啊，喝多了會
心跳加劇的，那就更難淡定
了。阿雪說好說好，轉頭又
連喝了兩杯冰藍山。

作為資深廣告人的鄭老爺對創作品質
的高標準要求早已是行內外公認，如
今把焦點放在精品咖啡上，不僅對咖
啡豆的來源，烘焙研磨，每杯咖啡的
製作方法講究，更對咖啡館室內的裝
潢設計、音樂、閱讀與此同時提供的
其他輕食的關係都得一一準確拿捏，
矢志打開精品咖啡在中國內地的市
場。我們值得擁有更好的，老爺微笑
著說。

咖啡館作為廿一世紀的
新生活體驗交流平台，
在全球各大城市已成風氣。

老闆專心致志的為客人親自濾煮了一杯咖啡

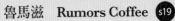

魯馬滋　Rumors Coffee ⑤19

A 徐匯區湖南路9號甲（近上海圖書館）
T 021-3460-5708
H 1100-1930（週二至週四）/
　　1100-2130（週五至週日）

此 Rumors 不同彼 Rumour，沒有流言蜚語，店品是日本老闆中山惠一向他的咖啡老師小野善造先生的致敬。小野先生在日本輕井澤的咖啡俱樂部名為 Kawang Rumor，是印尼語中朋友家的意思。中山惠一來到上海開店，特別借用了 Rumors 之名，把老師教授的咖啡豆烘焙技術和咖啡濾煮方法跟朋友細味分享。

日本先生和上海太太夫婦檔，安靜溫柔的打點著店裡的一切，也輕鬆自如的與客人們分享咖啡文化，閒話家常。小小店面每天都有相熟的客人準時報到，路過的新臉孔也很快便融入此間的私密氛圍關係。

程熙
管家

在 Rumors 門外木板凳坐著等位入內，心血來潮按電話找管家，心想這個 Rumors 的老顧客真的不會這麼巧就在附近吧——果然十分鐘後這個剛巧在附近買菜的傢伙就嘻嘻哈哈的進來了，更和老闆老闆娘如家人一樣噓寒問暖。管家記得年前一個陰雨晚上，他與友人往吃飯的路上被剛開業的 Rumors 店面氣質吸引住，飯後過來喝一杯曼特寧，跟老闆一聊就聊到晚上十一點。後來他才知道人家九點打烊，就是這種只有一個客人在也留守的專業細節叫管家從此成為 Rumors 的常客。

手沖濾煮咖啡上來，熱、溫、涼三種溫度都有不同滋味。

曲徑通幽的環境，有著別有洞天的驚喜。

溫暖精緻的佈置和擺設，窩在沙發上就如窩在自家一樣愜意

秘密花園 w16

A 長寧區法華鎮路525號創意樹林
　　入口處（香花橋路口）
T 021-6082-1775
H 1100-2400

如果不是開著 GPS 幫忙導航，我想我不會那麼順利地找到秘密花園吧。她隱身在一個創意園區中，窄窄的門面和低調的招牌，著實透著「秘密」兩個字。作為康平路小小花園的家族成員，她一脈而成了那種優雅、文藝、慵懶的調調。不大的店堂裡用簾子或迴廊分割出錯落的空間，曲徑通幽地擺著木質的桌椅或柔軟的沙發。雖然狹小逼仄，卻有股子溫暖的感覺，這全賴頭頂照射下來的陽光、各種老式家具、原版圖書和美麗的插花，令這個原本秘密的地方，一直充滿著小小的熱鬧和咔嚓咔嚓的快門聲。　　　　　　（文：踏踏）

城市山民 s11

A 徐匯區復興西路133號（近永福路）
T 021-6433-5366
H 1000-2200

身處巧妙繁囂的城市，更要有率真如初的山民本性。

每次到上海，哪怕只有匆匆三兩天，怎也得專程來「城市山民」的復興西路本店逛一下，在院子裡歇坐一回喝杯茶。有趟實在太忙，也爭取叫計程車司機兜一下路經店面在車廂內向外瞄一下，看到了從來樸素乾淨的櫥窗，人就舒服、安心。

與兩位店主早是多年好友，看著「城市山民」的誕生、轉型、發展。從本店「谷」的集店舖、藝廊和茶園結合的概念，到泰康路石庫門弄堂區的分店「弄」，再到麗嘉酒店的空靈高雅的「峰」，一步一個腳印，叫我由衷欣喜感動。更難得的是這兩位好友在上海這個競爭殘酷激烈的商業環境中，完全的放鬆自在，不把營商獲利放在最眼前，反是堅持一直親力策劃喚作「山民有大美」的邊遠山區少數民族手作傳統保育公益活動，更把這些內容成功地轉化為設計創作的精神靈感。這種修為是更高層次的商業與藝術生活的規劃，有著不可忽視的強大感染力，叫每個走進「城市山民」的顧客都自然的成為山民好友，喚起了大家本來就有的對山水自然的尊重，對簡樸生活的回歸，對人文情懷的重視。而這一切龐大道理都不僵硬，都化作面前一杯好茶，一件手工餅乾，一套旅行用的黑陶茶具組合，一襲剪裁輕鬆質感自在的便服。

你我山民本性，就在這裡追根溯源，久經洗滌、磨礪，得以彰顯光大。

楚曼璐
媒體人

作為資深的家居生活雜誌編輯，南北闖蕩東西匯融，見多識廣的她當然深懂樸拙生活之真之善之美。所以當她第一次踏足「城市山民」店堂再推門走進這開闊院子，她就肯定這裡將是她在上海的繁忙工作之餘得以平衡放空的好地方。有了這作為標竿榜樣，我們就更清楚該怎樣隨著自家個性打造一個都市中的自然自我自在之家。

趕上花季，玉蘭樹下辦茶會又是一番對飲論道一回耽美。

店內院中每個角落，都是店主和團隊全仁有商有量，合力打造。

初來的客人都會驚訝這都市叢林裡竟有這一叔靜山谷。

用心推敲設計的一几一桌，都是累積多年美學修養的集中表現。

抽樣清閒環境中品茶淨心。

透明天花間隔最大量的引進自然光，讓一室通透明亮。

孫信喜
視覺總監

對於喜喜這位長駐上海的資深居家生活雜誌美術總監來說，任何跟家居生活相關的門道他保證通曉。至於吃，他為了保持體態大概少吃為妙的。喝，倒是可以的，所以喜喜二話不說第一時間帶我到「璞素」去喝茶。

但一進入璞素這個「輕」、「靈」、「文」、「潤」的空間，喝茶作為形式和內容都只是一種導引。我們面前的書法掛幅，一床一几一桌一椅，以及精選的汝窯器皿，都是貫通連接古今文人家居生活的關鍵，而平日話跟我一樣多的喜喜，和我一起都選擇靜默下來，用心享受。

璞素 s6

A 徐匯區常熟路 188 弄 15 號（近安福路）
T 021-3461-9855
H 1000-2000

還記得第一次來到「璞素」的那個午後，大街的紛擾熱鬧，在推門進入室內那一刻已經被留在外面。如果可以這樣理解穿越的話，璞素主人燕飛一直在用心鑽研設計的當代中國文人家具，就是貫穿連接古今中國文化生活的時空轉換器。看著，觸摸著，安坐靜躺著，身心回去再回來，若有所悟，從此自信而不自滿，更能深刻的認識理解莊子所言「樸素，而天下莫能與之爭美」的真正意義。

作為一個資深媒體人，大學時代在美院主修平面設計的燕飛終於在多年兜轉後把創作焦點集中在當代中國文人家具設計上。以他自小對書法藝術的熱愛和認識，對古典家具的收藏和研究，從觀賞的身分進而跨入設計生產的領域，與身邊合夥人燕萍一道打做樸實品牌，在成立的短短兩年間推出了「天地」、「雅直」、「雲」等等風格清雅，線條流暢的系列作品，造型取意自書法裡對橫、折、撇、捺等等筆劃的把握，亦堅持應用傳統家具製作工藝中榫卯結構智慧。在這個樸素美學生活空間裡，除了展示有自家設計家具和精選汝官瓷，來客亦可安坐品茶聊天，主人更親自開班講習書法，培育熱愛傳統文化的新一代。

生活越多挑戰，越有創作發表野心，就越要懂得養神安心。樸素是一種克制，但也是更大的可能。

宋芳茶館 s16

A 徐匯區永嘉路 227 號甲（近陝西南路）
T 021-6433-8283
H 1000-1900

始終擺脫不了視覺系的牌性和喜好，宋芳茶館 Song Fang Maison de The，由最初到現在最吸引我的還是她家茶罐上的那個天藍色，加上那個紅白藍（太法國了！）的中國農民宋先生荷鋤芳小姐攜採茶藤籃的土商標。在 07 年一下子出現在永嘉路上進占三層小洋房作為茶館旗艦店之際，無疑是一種普及版 Chinoiserie 風格的隔代演繹，中法文化藝術衝擊交融，你我中有我你，合該在那個時候的上海出現。

來自法國的 Florence Samson 女士，其過往在法國高級品牌的工作履歷及自立門戶開設宋芳茶館的理念和實踐經驗，早在平面媒體和網上廣為報導流傳。尤其在上海這個不乏法國風情的原法租界街區，由一個有心有力的法國人來宣揚中國茶文化的博大精深，表達法國人對茶的熱愛和對香料茶的演繹加工，也是理所當然的一回事。

每隔些日子都會挑一個下午傍晚時分來這裡喝茶聊天，每次都和身邊伴點上一壺中國茶一壺法國香料茶，交互喝著，加上一兩件手工甜點，以響應宋芳女士積極提倡推動的不分國籍與文化的品茶方法。

有朝一日當我們發覺宋芳茶館這個品牌已經成為中國高檔茶葉市場的 Mariage Freres，不要驚訝，你還可以跟大家說，我看著她長大。

張寧
環保大使
教育項目
首席代表

跟張寧每次碰面不是在咖啡館就是茶室，從她早些年在海南島工作的五星級酒店，到她路過香港探我，到我於巴塞隆納探望當時在遊學的她，然後來到上海，當然要揀一家跟她氣質貼近的茶館見面。這位一直在路上闖蕩的女孩，做好準備在未來日子把時間和精力投放在海洋生態環保和兒童教育事業上。從她明亮而堅定的眼神中，我確信她可以擺脫更多牽絆包袱，然後負起更大責任。

層層間陳列的那一端老茶餅化鐵具是老闆的鎮店收藏

這文藝的藍，商業的藍，有朝一日成為經典的藍。

簡潔大方的室內選擇喝茶成為輕鬆自在的日常生活環節

92

佔大的展示陳列空間裡將
自家設計作品和古董家具
精列配置。

孫穎妙
項目策劃

正如我竟然有機會跟幼兒園
同班同學甚至班主任老師在
闊別四十多年後重逢見面吃
飯聚舊，那跟二十多年前一
起在台灣共事的穎妙在上海
相約到春在喝茶相互更新
近況就很順理成章。兜兜轉
轉，其實我們都還是離不開
媒體工作——也許可以換一
個稱呼叫處理「內容」。又
或者從平面媒體走向電子媒
體——關鍵重點還是如何生
活得好玩有趣且將經驗跟大
眾分享。一盞茶時間根本無
法八卦完畢，穎妙，一定再
約。

講究的是材質應用，造型比例，
做工手感，傢俱設計之理與
品茶之道實也相通。

清代國學大師俞樾一句「花落春猶在」
是「春在」品牌名字的來源

春在 w7

A 靜安區愚園路 1107 號 1 樓 102 號
T 021-5403-5268
H 1000-1900

如果說「璞素」是一個文人的素淨書
房或者茶室，那「春在」就像是一個
官宦人家的典雅華麗客廳了。當然，
歷代官宦也大多是飽學之士，就連南
征北戰的武將同時也是大詩人大詞
人，都講究居家生活情調和細節。一
部中國建築營造史一部中國家具發展
史，飽含的是上下幾千年的中國文化
精神中國藝術概念和中國生活態度原
則。

春在是一個來自台灣的中式家具設計
品牌，掌門人陳仁毅累積數十年在中
國藝術品和家具鑑賞收藏的經營經
驗，在 04 年開始於上海成立「春在
中國」家居設計品牌，以設計製作中
式風格的家具用品為目標，致力營造
一種古意與現代感共融並存的家居空
間氛圍。而位於愚園路的「春在」旗
艦店，能夠一邊觀賞其當季系列主題
陳設，一邊品茗談心，實在是有品有
味的一件事。

在這喝茶聊天的當兒慢慢培養你對中
國家具傳統製作和創新手法的認識了
解，捧上手端詳一下應該消費得起的
餐用陶瓷器皿，說不得三五年後你就
是一擲千金的大顧客了。

來往菜市場

一再強調亦始終深信，傳統菜市場是一個城市中人氣最旺能量最足的地方，所以未落地上海就已經電郵呀電話呀跟這個那個上海嘴饞為食的朋友約好，一起去逛逛他或她從小跟姥姥外婆或者父母去買菜的菜市，好讓我見識一下上海的家常食材豐富內容——怎知答覆都是遲疑含糊的，顧左右而言他。

直到抵滬有緣認識資深食評人沈濤大哥，再硬著頭皮問究竟，他坦言當今上海的菜市場都不像樣，早已東零西落一堆碎片。城市發展，馬路菜市被逐一消滅，上樓成舖的菜市場極度標準化，無論規模大小都幾乎在賣來源渠道相同的食材產品，喪失了多元化的可能。菜市裡攤檔的從業員大多都是外省勞工，勤勞營生，只顧買賣，能在這個城市立足已經不容易，哪來關照真正傳統食材的存滅和新食材的發掘引進？一般消費者在日常忙碌之餘買到平庸尚可的食材也就滿足了，長久下來沒有刺激也不會對飲食生活

有要求有進步。挑剔刁鑽的老饕食客就得到處張羅，有能力的要麼高價從國外訂進食材，要麼到高檔超市尋尋覓覓，又或者上網郵購或趕趕農夫市集選擇有機食材。渠道雖然不缺，但偏向精英精品化的局面也不是一件妥當好事。

一廂情願逛街市，其實也得面對上海的城市規劃發展和食物供應制度，更遑論食品安全和飲食文化傳承等等複雜大問題。過路人如我，其實從來都習慣從所遇人事的零碎片段中逐漸拼貼起對一個城市的印象，一切的認識了解也只能從這慢慢累積開始。雖然不會不切實際的要想上海忽地出現倫敦的 Bourough Market，巴塞隆納的 La Rambla 大街上的 La Boqueria，或者巴黎各區在週三週六的露天市集，但我肯定這是一個進入當地城市庶民真正生活的捷徑——就讓我一一撿拾這些碎片，拼貼出上海民間飲食的真實面向。

大沽路菜市場 n28

A 黃浦區成都北路 117 弄 146 號
　（近大沽路）
T 022-2327-8083

在上海朋友家吃到她媽媽下廚做的最
家常道地的燒帶魚，燒來那一室腥鮮
海洋味道，強烈得一下子我就記起小
時候外婆也經常在家做這道叫兩老惦
記上海生活的家常菜。我笑著問這位
已經退休在家幫忙家務照顧孫兒的媽
媽，平日喜歡到超市還是傳統菜市場
買菜，她不假思索馬上回答：「當然
是菜市場咯！」

帶魚原來都是冰凍的沒有賣活的，炒
鱔糊用的黃鱔在魚攤大姐手裡那麼用
刀一割，用手一拉就宰好了；豆品攤
這邊每個百葉結這麼一揉一扭一索就
成形；馬橋豆乾上那個壓印的古版宋
體 logo 字超酷的；崇明島來的生態
散養大鵝蛋拎在手裡沉甸甸……我等
吃米不知米價的在等啟蒙教授給的所
謂人生必修的十堂十二堂課之前，倒
真的該來傳統菜市場惡補這日常生活
實用通識課，自身家事白痴的話，能
夠治國平天下就是廢話了。

閒逛亂闖過大大小小不下十多個上海
傳統菜市場，大沽路菜市場是標準化
菜場裡最具規模的了。兩層樓把蔬菜
魚肉生鮮熟食乾濕貨安排分佈得井然
有序，顧客跟相熟的店家在買賣過程
中都有講有笑的，是菜市場中本該就
有的人情關係。升值加分的是這裡每
個攤位都配有一台可以打印小票的電
子秤，和一個用於讀取買菜便民卡信
息的 POS 機，小票上面印有攤位號、
收據號、秤號、商品名、交易數、價
格都齊全，最重要的還有一串食品安
全追溯碼，在食品安全問題嚴重的今
天，食品食材來源有所根據，市民消
費就比較安心。

井然有序面積不小的
兩層菜市，生鮮雜貨
應有盡有。部分貨品價格
比超市和大賣場稍高，
所以人流不算十分擁擠。

買蛋買菜買魚都是互動交流
增學問長知識的好機會。

老舊街區居民密集
馬路菜場的生猛熱鬧走
最原始最生活的風景。

買熟賣熟討價還價，
如今的年輕一輩已經不懂
這種生活趣味。

羅浮路馬路菜場 n7

A 虹口區羅浮路、東新民路附近

像我這樣最愛鑽進橫街窄巷與街坊鄰
里打交道的傢伙，怎能沒有上海在地
老友同行引路？踏踏陪我走一轉羅浮
路這一段馬路菜場，盡眼望去生猛熱
鬧不在話下，一對比起標準化菜市的
價格，果然是便宜一大截，尤其對於
老人家及精打細算的顧客實在相當吸
引。相對於室內菜場，有專人負責監
督食品來源和打掃垃圾，馬路菜場的
衛生狀況明顯不佳，一旦收攤時垃圾
未妥善處理，也會對附近民居造成滋
擾影響。流動擺賣的攤販們在這營生
還得冒著被城管驅趕的風險，據說這
馬路在兩個行政區的交界，造成了左
邊的城管執法攤販就跑到馬路右邊，
右邊的來了就搬到馬路左邊的哭笑不
得怪現象。

小心濕滑，
收穫良多。

批發零售，無任歡迎，
有備而來，心裡有數。

銅川路水產市場 w1

A 普陀區銅川路 871 號

正如東京的築地水產市場說要搬遷多
年終於拍板定案莎喲啦哪了，上海貓
族老饕最熟悉最喜愛的銅川路水產市
場也終於宣布要搬到普陀桃浦地區，
銅川路原址將會從一個滿佈魚腥的濕
滑街區變身成一個開放式的帶狀城市
公園，魚游走了換來花香鳥語。

趁在這兩三年商戶陸續搬遷的期間，
趕快去看看這已有幾十年歷史的水產
市場的生鮮本色，回來告訴我們終於
分辨認得和叫得出龍蝦、大閘蟹、梭
子蟹、小鮑魚、生蠔、竹蟶、扇貝、
北極貝、象拔蚌、海瓜子、斑節蝦、
瀨尿蝦、多寶魚、�20魚的長相和名
字。

星頓農夫市集 s36

A 徐匯區斜土路 2600 號海高大廈 703 室
H 1430-1700 （每逢週日）

擺攤擺在辦公樓七樓的有機生態農夫集市？單是這樣不按牌理出牌的動作就值得大家去看看是怎麼一回事！原來單純的要在露天公眾地方辦起一個讓大家都可以吃上健康放心的有機農業品市集，也得通過重重申請、審批、監管等程序。所以主辦單位就索性把每個週日一次的市集暫時安排在自家機構的英語教室裡，反正憑良心憑熱心，從本地及全國各地搜羅回來純正土雞蛋，粗糧飼養的乳鴿，歸原有機奶，各種有機米酒，有機大米、土蜂蜜、手工果醬、高山泉水香菇和有機蔬菜。注意健康生活又懂門道的顧客親臨體驗和購買食用過後，就成了固定回頭客，而且一傳十、十傳百，每個週日愈來愈多朋友都來趕集，把熱門貨品搶購一空，也給這些承諾杜絕一切化學污染，堅持用小規模傳統生產的農戶越來越有信心和決心堅持下去。

萬事起頭難，有了這樣生氣勃勃的團隊經營生機盎然的市集，期待有天在大太陽底下擺攤會友略！

來自北京米酒先生的明星產品，酒香醇厚每次都被搶購一空。

簡直可以當寵物的中華宮廷黃雞！

日本友人現場泡製手工咖啡，香飄一室。

窩在家裡打電玩？
太陽底下大庭廣眾
跟叔叔阿姨打招呼
如何決定還須猶豫

手工甜點家裡做，擺攤分享的是
一種親密如家人的溫暖關係。

www.jiasham

有機農作物需求日增
愛己愛人，生態永續

嘉善市集 ⓢ25

A 黃浦區陝西南路550弄37號（近嘉善路）
T 021-5403-5268
H 1100-1600（隔週六）

陝西南路550弄前，眼見「嘉善老市」的牌子，順路走進，兩側都是本地小販正賣著魚肉和瓜果蔬菜。人流不多，也不吵鬧，是一幅典型的上海市井小弄堂景象。

再慢慢往裡走，場景感的變化隨之而來。鵝黃色的四層高小樓是由舊廠房改建，如今用做了餐廳、咖啡店、服裝店、家具店和設計工作室，也有loft風格的公寓。幾棟小樓圍成的中庭空地，便是「嘉善老市」的所在。市集是隔週六舉辦，攤主多是外國人，販售著許多自製的美食和家鄉風味產品。

英國姑娘Amelia是市集的組織者，她以母親的秘方自製的果醬有著她自己的童年味覺回憶，已在上海小有名氣。許多攤主與她一樣，不喜歡大量流水線出產的工業化食品的冰冷無情，便動手作些富有人情味和鄉愁味的美食。眼前的這些果醬、肉醬、糕餅、甜品、義大利披薩、土耳其軟糖，好吃之外都有份貼近人心的手作感。攤上亦有品質上乘又價格合理的咖啡、茶、酒、乳酪，甚至護手霜、有機棉毛巾這樣環保的生活用品。熱情的攤主們一個勁的邀請客人品嚐食物，也不強賣，沒有令人不安的商業壓迫感，倒是趁著這樣熱鬧的氣氛，互相交流，結交朋友。

一邊紫藤葡萄的牆面下，有不少木質桌椅，累了就坐下，喝杯咖啡，沉醉在陽光裡。

這樣的樂活市集，是一個小小的外國社區，也是微縮版的農夫市場。它怡靜溫馨的生活氣息中，也傳達出健康、環保的生活方式，誰能不愛？

（文：踏踏）

Green & Safe s21

A 徐匯區東平路6號（近衡山路）
T 021-5465-1288
H 0800-2200

第一回走進 Green & Safe 的那個晚
上已經過了晚飯時間，燈光暈黃，店
面幾張長桌人客三兩，心想上海終於
有了這樣像樣的一家大型有機雜貨店
複合餐廳了，驚喜感動的同時，又擔
心這麼重本裝修還引入進有機橄欖
油、葡萄酒和乳酪，台灣有機醬油、
醋、茶和果醬，加上本地有機農產的
蔬果、香草、菇菌和大米，雖然經營
者是經驗老到的台灣專業有機食品
供應商永豐餘集團，但上海這個薪金
和租金都直線飆升，生意競爭激烈的
市場，該是用一個怎樣的出手和招架
工夫，直叫我們這些嘴饞路人十分好
奇。

再來時，是一個週末的午後。上回的
過分擔心大抵不必了，用餐的幾張大
桌及面牆的吧台都一一坐滿，臨街露
天的看與被看的桌椅更是聯合國地
盤。店內熱鬧擁擠著端詳各種蔬果食
材的顧客，有人對那長在木頭上的菇
菌很好奇，有人在排隊等白米現場輾
磨——無論是傳統的還是摩登的菜市
場都得有人氣匯聚，衷心期待這些有
心有力的經營可以持續蓬勃，生意興
隆的同時造福大眾。

由著名設計事務所
AOO 設計打造的
有如老倉庫風格的
Green & Safe 本店

室內原木牆面和櫃台貨架，
水泥地板，裸了黑漆白漆的
鋼筋結構，質樸又溫暖。

全天候供應的有機冷熱飲料和簡餐
亦是社區健康飲食生活的一個亮點。

放鬆有禮的店員和顧客
有說有笑打成一片。

從小就上菜市場，
長大不是嘴饞食客就是好廚師

老外家常飲食習慣裡的食材和調味料，
這裡應有盡有。

紅峰副食品商店

A 徐匯區烏魯木齊中路274號（五原路交界）
T 021-6437-7262
H 0600-2100

如果你初到上海工作，身邊認識的一群關心你的外籍同事，都會不約而同的告訴你除了超市之外，你該去烏魯木齊中路上的紅峰副食品商店買蔬菜買蛋買油鹽醬醋買米買麵買糖果零食——對於中文程度有限的老外來說，據說這裡有一位通曉幾國語言的老闆娘（亦或售貨員？）幫助大家在眼花撩亂的小店裡準確定位開心購買。

諸事八卦的我當然不放過這個見識機會，到了這家面積比想像中要小，但販售的貨品比想像中要多許多的店，果然沸沸騰騰的擠滿買菜的中外顧客。只見大家都十分熟練十分識貨的各挑所需就去櫃台付賬，買賣交談間說的都是標準普通話，傳說中的多語言頻道廣播未有上線。我這個看到紅紅綠綠飽滿豐盛貨架已經自然 high 的，主修還是副食品，語言天分有待發掘曝光。

管家 家宴

第一次到管家的家當然是去拿在電話上說好訂好的手工麵，果然在警衛那裡停下來還未開口，對方就笑著問：「你是來拿麵的吧！直走，右拐再右拐就到了。」這樣合作幫忙的大叔，應該早午晚都吃得著管家的麵吧！

管家過去親手做的麵以及現在玩大了，需要工廠配合製作他負責監製的麵，吃過的朋友都有口皆碑。當然以我所認識的管家還真的是閒雲野鶴慣了，應該不會因此發展成麵條大王開他一百幾十家連鎖麵館的。我還是珍惜亦榮幸可以被他邀到家裡，用上前幾天在紅峰副食品市場買來的酪梨、小洋蔥、小番茄、秋葵，在 Ole 買來的肥大文蛤，以及在附近菜市場買的栗子、冬瓜、鴨腿、大排等等食材，起個大早，獨力在廚房裡為我們這幾個一心來吃（也不打算洗碗）的傢伙，變出了一桌從前菜到甜點一共有七、八道菜的週日早午餐。換了是我，這樣折騰舞弄一個早上不是不行，但一定汗流浹背緊張兮兮目光散亂。但管家還是不慌不忙笑語盈盈的，懂得過日子的男人叫人不得不佩服啊！

紅峰副食品市場是管家最常容易買得合意好食材的地方

管家一人獨挑大樣在廚房忙了一個早上，迎來了我們這群超級吃貨。

趕快在微博私信管家詢問這文蛤栗子濃湯的詳細作法吧！

欲罷不能的管家招牌大排湯麵

好好好，下回該到我家我做飯了。

終於有機會親嚐管家的廚藝手勢，再肯定的告訴大家一切不只是在他的微博上面那好些看得大家垂涎欲滴的美食照片和文字。即便他一再強調只是家常便餐，但一進門飯廳中那一桌早已鋪排好的白瓷餐具、不銹鋼刀叉，棉麻桌布餐巾，還有那一束盛放的白桔梗，那一大瓶泡好的檸檬水，空氣中是慵懶得來亦很神氣的爵士樂女聲……管家主持大局，這頭在廚房裡乒乓作響，那頭就捧出那一小盆作為餐前麵包沾醬的番茄小洋蔥拌酪梨泥，作為前菜的西式的鮮蝦黃椒花椰菜沙拉，中式的百里香排骨煮白蘿蔔。那程序有點小複雜但一點也難不倒管家的文蛤栗子濃湯，開吃了我們從每道菜每個製作細節每事問到喝起白葡萄酒更放鬆下來笑得響亮震天，到管家又再一道一道的把主菜烤蝦子，滷鴨腿配小炒秋葵獻寶出來，大家已經搓著肚皮笑得滿足了，怎知再來高潮主角正牌管家大排湯麵，再飽也得吃個碗底翻天！

週日中午，管家的家，我奉旨懶惰，一頓愜意家宴中我目睹更親嚐一個上海新好男人如何寵壞自己和身邊好友，輕描淡寫隨手就把小日子過成大日子，一點也沒有辜負菜市場裡的各種好食材，也沒有冤枉這個最好同時最壞的大時代。

第二章之七

一蟹更勝一蟹

對於嘴饞為食如你我，每年至少一次必到上海的十大理由當中，專程來吃大閘蟹肯定排在首一、二位。

蟹未動，人先動。再勞動一下兩位超級玩家食家前輩來站台：《閒情偶寄——蟹》中李漁說得直接：「蟹之鮮而肥，甘而膩，白似玉而黃似金，已造色香味三者之至極，更無一物可以上之。」而張岱在《陶庵憶夢——蟹會》中更具體形象：「河蟹至十月與稻梁俱肥……掀其殼，膏膩堆積，如玉脂珀屑，團結不散，甘腴雖八珍不及。」而作為每年平均吃掉二、三百萬隻大閘蟹的香港人的一分子，每年大閘蟹季還未到，市面所有相關的蟹供應商，餐廳飯館，平面和電子媒體已經事先張揚今年江蘇各個湖區的大閘蟹產情和售價如何？污染問題有否改善？如何辨識檢證標籤的真偽？大閘蟹從江蘇到香港的流程步驟都一路直擊報導。至於陽澄湖和太湖的蟹質蟹味 PK 比較，今年蟹菜的創新花款，吃蟹程序先後和禁忌，蟹八件的用法，自家揀蟹蒸蟹煮蟹以致冰箱存蟹的小貼士，蘸醋和薑茶的作法，花雕或香檳的配合……蟹民教育鋪天蓋地，人人都被訓練成吃大閘蟹的專家。

但資訊越多運輸越快在各地吃蟹越方便，就越叫蟹癡們有衝動要做好攻略，當造第一時間飛到現場，相對便宜的在上海市內和周邊湖區吃到最鮮最甜最腴最粗獷最精緻——西北風起，眼前一堆雪白一片金黃，大閘蟹大閘蟹，我來了！！

蓮花島老許蟹莊

A 蘇州市相城區陽澄湖鎮蓮花村老許蟹莊
T 1396-1800-344

近水樓台先得月,這老話本身就很吊詭就有玄機就很有啟發性——水中得月是虛的,就像現在很多人來到陽澄湖邊也會多心質疑,吃到的大閘蟹是否在別的湖區養育差不多,再運來這裡泡幾天澡就撈起蒸煮上桌給顧客的「洗澡蟹」?這就真的要看蟹農和店家做人處事的本心和操守,如果日常飲飲食食也得直面這樣嚴肅的問題,實在是有點掃興。

所以我的吃喝心態就是要放輕鬆,不要也不可能計較太多,爭取在好天氣的日子和對的朋友出遊,慶幸身邊也總有懂門道的老饕認識相熟可靠的店家,反正也沒打算要裝得很懂的一看一拎這隻那隻青背白肚金毛黃爪的蟹就說得出它的產區年分和斤兩——有緣的話,一掀蓋揭盅啖落就知好歹,喜出望外的話都是賞賜。

同行的上海年輕小朋友竟然都未有聽聞陽澄湖上有這蓮花島,所以從市區出發又車又船個多小時後來到這位於陽澄湖東北面,橫跨湖中最好的水域的蓮花島很是雀躍興奮。碰上大好晴天,從容閒適的走在島中橋上和水道旁的房舍及菜地間,走近湖岸再乘小艇近距離看用竹篙和紗網圍起的蟹場(要看撒網撈蟹就得等天黑或清晨了)。肚餓了回到蟹莊,小小的院子裡早已擺出兩張圓桌,兩位員工熟練的從養蟹池中撈出昨天從湖裡移來,飽吃曬乾的玉米、螺絲、帶魚和南瓜食料,在供氧的池中吐盡髒物的螃蟹,用刷子把蟹身刷淨,用細繩很技巧的把蟹綁好,放進蒸籠排好,澆進些許米酒,加蓋蒸約十五分鐘即可。這邊廂在蒸蟹,那邊廂的廚房乒乒乓乓的,端出來一桌放滿的是鮮美的白灼河蝦、紅燒鯿魚、青蒸白魚、紅燒老鵝、土雞湯和南瓜粥……我十分掙扎的環顧淺嚐,留肚用心細品馬上

近距離一睹蟹場養殖環境。

加蓋蒸上十來分鐘,
興奮掀開滿滿一鍋嘩嘩連聲。

有人堅持先剝吃腳爪
再掀蓋吃蟹膏蟹黃,
我可沒有這個耐力,
必須直奔主題。

蒸熟上桌的每隻足有三至四兩的大蟹——果然剝開雌蟹已見滿腹皆是凝結成塊的橘紅蟹黃,細細啖來細膩油潤,雄蟹的蟹膏更是晶瑩脂白黏稠甘腴,一嘴痛快足足,雪白蟹肉清甜緊緻更是不在話下。各人連番叫好之下,毫不手軟將愛到底,一蟹更勝一蟹!

成隆行頤豐花園 W19

A 長寧區虹橋路 1442 號（近伊犁路）
T 021-6209-7635
H 1100-1400 / 1700-2300

既然吃大閘蟹已經成為中外老饕們每年當季來上海朝聖至少一次的理由和目的，吃蟹的程序步驟成為儀式，蟹菜內容的層出不窮也成為城中熱門話題。因為好蟹，一路吃來交上不少比我瘋狂百倍的蟹癡。有的興頭一來連續十天八天早晚餐餐無蟹不歡；有的堅持一定在家裡動手蒸蟹吃蟹才吃得輕鬆自然；有的根本懶得動手只動口只吃蟹菜，侍應剝好端上的蟹也只吃蟹黃蟹膏。像我就決定要集中精神，一頓蟹宴裡要麼一隻雌一隻雄（再一隻雄一隻雌！）的又剝又吮又細細啖，要麼就用心品味一道一道的蟹菜，不要辜負店家和廚師的精巧用心。

所以受俏引領來到以承傳傳統和研發創新蟹菜聲名大噪好評如潮的成隆行頤豐花園，在老闆老柯和大廚的悉心安排下，我們開心邊聊邊吃，把一道又一道拿捏精準平衡而且主題突出的蟹菜細細嚐出真味。先是那鹹鮮濃厚的蟹糊凍併叉燒青瓜作為前菜，緊接那入口初得甜膩，再透滲蒜香和鹹味的醉蟹，都是黏油軟糯經驗難得！稍歇一下上來的清湯蟹鉗白菜心，完全就是肉清菜嫩清鮮甜美的代表作。緊接的蟹粉銀皮配蘆筍水果盞，集香滑鮮濃一身，稍加一點醋，滋味知味。最後是那一小碗叫人又愛又恨，只用雌蟹蟹黃與雄蟹蟹膏加入豬油製成的「禿黃油」，一勺一勺的澆在噴香米飯上，恭恭敬敬拌好，入口無言，怪自己放縱怨自己奢侈慶幸自己生而為人，高潮一刻不忘感恩。

難得老柯一路為我們專業講解每道菜背後的巧妙心思，也把他二十多年來從事大閘蟹經營販售所遇上的種種逸聞一一抖出，從過去香港全民饞蟹差點吃光半個陽澄湖，到「移民」歐洲的中華絨螯蟹高姿態回歸但反應差強人意，還有就是北方近年習慣把大閘蟹當作中秋禮品，實在笑煞旁人。

食不厭精，一旦悟道就等於走上黃澄澄金燦燦白雪雪的放肆不歸路。

進得前 專家 講解 指點吃蟹之道，我們當然一邊嚥口水一邊□飛攝影。

用高度數白酒醃製的醉蟹，蟹毒盡除，肉質滑軟鮮嫩，芳香甘腴極致。

吃過禿黃油我已經極度滿足，親臨欣賞過服務員手拆奉客的原隻大閘蟹，看有氣有力的小朋友盡情享用

摩登蟹房 Pulau Ketam e16

A 黃浦區興業路 123 弄新天地南里
　　2-3 號樓 1 單元
T 021-5306-3706
H 1730-2200

滿桌佳餚美味固然令我們眼前一亮心
神嚮往，但更開心盡興的是能跟新朋
舊友分享這一份吃喝的喜悅，無拘無
束的把自己當下所思所想以及對未來
的冀盼盡情傾訴，真正在吃什麼很重
要也不很重要，能夠有知己知心比一
切都強。

一次又一次的錯過了與馬來西亞好
友、滬上名廚 Brian 出門覓食的好機
會，有回約好要跟法國巧克力協會的
廚師們一起到越南採訪巧克力莊園和
交流巧克力甜點心得，有回更約好到
Brian 家鄉走一回，穿街過市的接上
馬來美食地氣，可惜兩次都是我有事
爽約，錯失為食分享良機。

所以這回人在上海刻意投懷送抱，更
趁大閘蟹當造，家家都在做大閘蟹菜
之際，偏偏開個小差去找斯里蘭卡霸
王蟹。用的是新加坡黑胡椒蟹和辣椒
蟹兩種作法，吃那結實飽滿多肉的大
螯，吃那黑胡椒和辣椒和牛油炒起來
的鮮燴葱味，再加上一登場就叫人拍
掌讚絕的麥片蝦，拌來那吃不信口的
蒜香麵，還有小炒皇牌馬來棧炒蜜
豆，另一齣重頭戲是汁稠肉嫩的咖哩
東斑——在坐的幾位都是長期相約同
遊覓食的好拍檔，所以更是上天下地
無所不談。不得不一讚的是店主在大
閘蟹高調「橫行」的上海，勇於提供
原汁原味的東南亞烹調方式，讓消費
大眾有更多選擇。味覺導航通過食物
去認識了解異國他方文化，始終是開
心樂事！

陳綿泰
餐飲從業者
兼廚師

作為 hoF 飲食集團的靈魂人
物，科班出身，工作遊玩吃
遍天下的 Brian 當然最知道
情歸何處。有一回他跟我形
容故鄉馬來西亞回教開齋節
慶典中的飲食，他一邊說明
顯的一邊在嚥口水，而且眼
睛發亮聲調提高，幾乎隨身
行李也不必收拾直奔機場就
可以回家開吃。東南亞菜系
從食材到菜式到進食習慣和
方式之多元豐富，有目共睹
有幸共嚐，無一不反映其社
會開放包容有無互通。

從廚房前菜小吃拼輕鬆到麵證麥片
　　蝦，都是香口下酒菜

輕拈螯餅，先拍拍照
　才展開十分鐘殲滅戰

辣椒蟹汁多味濃，
配上炸過的小饅頭
蘸汁共食是一絕。

人氣最旺，樸實厲害的
　蒜香麵，求作法！！

108

啖啖蟹膏拌著銀皮，
是平生吃來最黏稠最有
「罪惡感」的極致美味。

有點老舊侷促的店堂，
倒是老顧客最自在
最親切的認同。

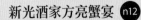

新光酒家方亮蟹宴 n12

A 黃浦區天津路512號（廣西北路口）
T 021-6322-3978
H 1100-1400 / 1700-2130

大閘蟹要嚐鮮，人卻總有傾向懷舊。
怎麼說，十多年前新光酒家在還未把
蟹宴以老闆名字方亮命名之前，已經
被懂門道的香港老饕朋友邀來過一兩
回，也是每個廂房都會碰到這個朋友
那個朋友的那種受捧場歡迎度。這回
帶來一位第一趟到上海的法國朋友，
不用他動手，最懶惰的一口氣點了清
蒸蟹鉗、蟹膏燒銀皮、蟹黃燒蹄筋、
蟹糊羹為主菜，再點二十隻蟹粉小餛
飩、蟹粉拌麵和蟹粉炒年糕，一桌四
人吃得 high 到說不出話來。法國友
人應該見識到什麼叫淋漓盡致無所不
用其極，我在滿足無言的同時積極計
畫明早晨跑得多跑一兩個小時。

十面埋伏 w12

A 長寧區定西路795號（近延安西路）
T 021-6277-0617
H 1000-0300

在各路現炒澆頭麵蘭州拉麵河南燴
麵山西刀削麵乃至日本拉麵的小店
中搏殺出一條血路，十面埋伏果真已
在麵食江湖中獨占了一片山頭，靠的
就是膏蟹這一絕殺武器。隻隻精選的
膏蟹膏滿肉肥，現點現洗再斬件，稍
稍油煎至絲絲金黃，連同一眾小蝦乾
小魷魚在高湯裡煮，最後將訂做的麵
條放入高湯煨熟。上桌後，掀開橙紅
色的蟹蓋，蝦兵蟹將們顯而易見，喝
一口鮮美的高湯，吮幾根入味滑溜的
麵條，一碗見底也還真不過癮。同樣
厲害的是膏蟹拌麵、膏蟹炒糕和蟲草
花雞湯麵，各有貪吃又愛蟹的追隨者
們。真材實料成就了這一碗鮮美至極
的麵，也成就了這家用心用情的溫暖
小店。

（文：踏踏）

小店經營，以蟹膏為主打，
與麵食配搭出鮮美思路，
中等價位亦討好年輕市場。

109

大江南北

第二章之八

翻開前輩飲食作家鉅細靡遺搜集整理的上海飲食發展歷史資料，處處都有刺激啟發：「滬上菜館立林，山珍海味，極海內外之精華……」徽幫的老醉白園、其萃樓、逍遙酒樓；寧幫的狀元樓；廣幫的大三元、大同酒家；錫幫的各種字頭的老正興館；蘇幫的五味齋菜社、大加利酒樓；京津幫的會賓樓菜館、復盛居；揚幫的半齋總會、莫有財廚房；豫幫的厚德福酒樓；川幫的潔而精川菜茶室、蜀腴川菜館、四川波賽飯店；閩幫的林依朋廚房；杭幫的孟嘗君食府；潮幫的大華酒家；湘幫的九如酒家；回幫的馬家班伙房……這些在上世紀三、四十年代開始在上海紅極一時，由來自大江南北各省各幫老闆經營和廚師掌勺

的餐館飯店，單就名字已經引起我等為食後輩無限想像。如今這些名店幾乎全數退到幽微回憶角落，早已黯然結業或改名轉型，足叫當下野心勃勃興頭沖沖要在上海這個飲食江湖打造自家品牌幹一番事業的各路英雄，不得不謹慎細緻朝夕審視自己的菜品特式，服務態度和宣傳推廣策略，好在這個競爭激烈又處處生機的地方幹一番轟烈漂亮事業。

作為嘴饞食客的我們絕對是有福的，身處上海能夠這麼方便集中的品嚐到來自大江南北的豐富多元，各方遊子更該為各自家鄉菜系特式做評審把關，提點的同時鼓勵打氣！

新榮記 e5

A 黃浦區淮海中路 138 號
　無限度廣場 5 樓（近普安路）
T 021-5386-5757
H 1100-2200

小朋好友是浙江台州人，每逢節日回鄉，回來一定給我帶家鄉特產做禮物，每次他把魷魚乾、蝦乾等等海味遞過來，都是又驕傲又不好意思的笑著說，家鄉不產什麼貴重的就是有這些東西，你回家的行李包都將會滿滿是大海的味道了！

我當然是十分感激也感動，靠海吃海，吃出對自家風土文化的尊重和熱愛，那就是最美也最鮮的事！約好怎麼也得找個機會跟他回台州吃海鮮，可是我越想越饞，這回在上海竟然偷步了——有沈宏非老師的強烈推薦親自帶路，我終於在新榮記見識到台州海鮮的厲害。

室內裝潢大氣，典雅細節講究的餐廳在上海不算少，但同時有一室高漲熱情鼎旺人氣的就更叫人有開心吃起的衝動。老沈發辦點菜，我們只管投入吃喝。前菜從鮮嫩的瑤柱小蜜豆，爽脆的油醋海蜇，甜美淨實的炸帶魚，滑溜燙嘴的金沙九肚魚，一開場已經叫在座一眾拍手叫好。接著下來見識到其貌不揚的沙蒜（海葵）燒豆麵，鮮美得無法在記憶裡找任何參考，十分家常百分百震撼的鰻魚家常燒和手撕豆腐煲，叫人開始嫉妒台州人的幸福。而一盤賣相樸實入口鮮甜多汁的家燒蘿蔔片和無法停箸的漁家炒米粉，實在有催淚之嫌了。

八卦得知新榮記的台州海鮮當然是產地直送，而經營理念和烹調靈感卻有參考到粵菜手法，這叫我這半個廣東人也與有榮焉，吃得更放肆開心！

吃得出肉質鮮甜淨實的小小一盤炸帶魚。

沈宏非
作家、
美食家

其貌不揚的沙蒜燒豆麵，驚為天人，爭寵成至愛！

前輩老沈是美食大家，飯局中有幸坐到他身邊位置都會很忙——忙著聆聽忙著錄音做筆記更忙著爆笑忙著吃，忙並痛快著。這回邀得老沈帶路吃一頓他盛讚的「廣東魂」台州菜，席中更有兩句可堪細思慢嚼的說話，一是「越窮，越能出廚藝」，一是「吃得起的人多，吃得下的人少」——吃貨同學們，飽餐之後好好琢磨。

啖啖湯濃魚甜，自製年糕 Q 彈軟糯，一鍋熱騰家常暖心。

高雅大方，細節精準的室內裝潢值得一讚！

餐後必嚐甜品桂花雞頭米——這茨實的口感軟韌兼有太厲害！

一邊點菜一邊上課長知識

上味小海小鮮 W3

A 普陀區長壽路 1118 號芳匯廣場
　2 樓（近曹家渡）
T 021-5237-0577
H 1100-2200 / 2100-0300（夜宵）

說來慚愧，有回被邀到寧波演講，匆匆大半天，工作之前只來得及在新開的星級酒店吃了一頓午飯，一桌細緻用心的，總結來說印象就是鹹鮮兩個字。為了在下趟再到寧波前做點補習功課，約好老朋友在上海先作暖身暖胃。

小海小鮮是個活潑名字，看海鮮點菜的攤台面前我們像上課一樣把名字與實物生猛連接起來——這叫大梅同，這叫小米魚，這叫紅岩魚，這該用鹹几蒸，這該紅燒，這應用豆腐濃湯煮；這是白蝦，鹽水一燙就好；這是紅膏蟹，該是一切為四用花雕倒篤蒸；目魚用烤的，鮮嫩一口。貪心的我看到肥美的魚籽一大份，慢火香煎得外脆肉嫩就是好滋味。來點啤酒圍座吃喝著又這家長那家短的與老友八卦起來。乾淨俐落輕鬆自在，這樣的小館肯定是日常心頭愛。

葉正浩
客戶群總監

跟阿正相識於微時，所以一直覺得他是不必長大的小朋友，但其實他離開香港老家在上海和全國各地闖蕩已有十年八載，工作和吃喝經驗都十分豐富。作為香港人，阿正倒沒有死守粵菜固執茶餐廳，包容開放的品嚐見識不同菜系不同地方文化，活到老吃到老，由依然一臉孩子氣的他口中道出，很有喜感。

紅燒野生小米魚
汁鮮肉嫩好下飯。

肥美魚籽，香煎最妙！

桂花樓 e1

A 浦東新區富城路33號（近名商路）
香格里拉大酒店浦江樓1樓
T 021-6882-8888　H 1130-1500 / 1730-2200

上海永遠是個人來人往的地方，即使我也是個路過勾留的，都會隨時隨地遇上四面八方來客。前天剛剛送走兩個居住在英國的義大利建築師，第一次到上海的他們簡直忙壞樂壞。今天晚飯又會跟來自德國的設計品牌負責人碰面談跨界合作的可能，更不要說穿梭來往的台港和全國各地的好朋友——在公在私，會議室內固然談正經事，工餘吃飯聊天也很重要，更何況身邊人人都說自己是超級吃貨！

穿街過巷吃小攤小館接本幫地氣是一種，在室內裝潢典雅大方，食物和服務水準有穩定保證，讓主客都放心盡興的高檔餐廳飯館作為宴請又是一種。尤其是跟對中國菜認識不深的老外朋友吃飯，我都習慣按部就班的引領他們進入這個博大精深的中國美食世界。所以占盡地利位於浦東香格里拉酒店，主打淮揚菜和粵菜，亦加入少許川菜元素的桂花樓，一直是我的首選。

以紅金主調亮眼的中式風格，餐具陳設細節格外講究，菜餚品質更有廚藝精湛的高曉生廚師長把關，所以眾人在廂房裡坐下，一把餐巾鋪好就不談風月只管吃喝了。什麼叫靈巧刀工？什麼是拿捏恰當的擺盤標準？前菜煙燻素鵝、牡丹蝦仁、酸辣黃瓜皮，特別是梳衣蘑菇已經先聲奪人做出最佳示範。接下來身邊一眾著急揭盅，一睹文思鮑脯簡直匪夷所思的功夫，也為芙蓉蟹粉的鮮腴，金饅頭咖哩大蝦的惹味，淮陽煮乾絲的溫醇，蔥香浸鮰魚的脆嫩，雙色蘿蔔的清甜連聲叫好。最後壓陣出場叫人幾乎要站立拍掌的Q版八寶葫蘆鴨，討喜又和味，而那有口皆碑作為桂花樓招牌經典的魚湯小刀麵，果然湯醇麵滑不得了——從來不為爭面子去吃一頓飯，但這回真的吃得臉泛紅光，驕傲滿足。

從裝潢格局到餐具細節到服務態度，一絲不苟嚴守標準

謝琳
品牌
市場經理

跟 Linda 在一趟參觀考察德國高端設計品牌的機會中認識，一起體驗到德國人對生活細節的專注講究，對產品設計要求的嚴謹認真，刺激啟發獲益良多。路上我們談到何謂規矩何謂標準何謂操守？尤其我們都站在自家崗位向公眾倡議推介我們相信並實踐著的生活方式和生活態度，就更得熱情飽滿，清楚準確，落實執行——說到吃，當然也要守住這個保證和標準。

見識厲害刀工之後，可不會捨不得吃！

Q版八寶葫蘆鴨，討喜又和味！

以店主人命名的老汪蝦油拼盤，
江南風味盡出。

請來紹興三臭站台，
越臭越香的禪寺一品煲

謹記留肚來一兩小碗
滋味十足的蝦爆鱔麵。

南麓・淅里 s2

A 靜安區巨鹿路 768 號（近富民路）
　巨富大廈 2 樓
T 021-6247-7877
H 1100-1400 / 1730-2130

日常東奔西跑，在這個城市那個鄉鎮的勾留，往往就靠在這家那家餐廳飯館嚐過的某些菜式為自己定位，也往往就是在不斷的累積與對比中，架構起對某個菜系的較為全面的認識。所以從「淅里」這個語帶相關的名字，可見店主人對自己所屬從小吃大的浙江鄉下菜餚惦念再三，希望在上海這個飲食江湖能夠打造更好的以杭幫菜牽頭的「江南民菜」概念，有理念又勇於實踐驗證的勇氣可嘉，自當呼朋喚友吃喝擁護支持。

前菜必點的蝦油拼盤：切雞、門腔和肚頭都鮮濃入味，烏米糖藕爽脆中帶軟糯，醉蝦甜鮮，糖醋小排酥鬆，香萵生脆，加上涼吃的鴉片魚頭，一登場先聲奪人。

接著下來的重頭戲有用紹興三臭：臭豆腐、臭千張和臭菜梗做的禪寺一品煲，越臭實在越香。用上杭州豆瓣醬和寧波慈城年糕共炒的八寶辣醬年糕鹹香重口，再來吮指尖椒肚頭配芝麻大餅已經叫座中一眾要放緩步伐了。但怎能不來兩小碗我最喜歡的蝦爆鱔麵——把鱔魚爆得脆滑，配上鮮嫩河蝦仁做燒頭，湯裡有炒軟洋蔥、再下豬油、湖洋醬油增色調味添香。至於看見鄰桌吃得高興而衝動一試的蟹粉灌湯魚圓，就更得讓 iPhone 先拍後才一啖入口。既守住傳統口味又在內容形式上有所創新突破，但願這條不易走的路上人來人往，無限風光。

文林
媒體人

文林恐怕是我認識的一路四出行走早晚嘴饞為食的小朋友中最精瘦的一個。打從多年前在廈門的一次專訪中結識以來，看來他都沒有發胖過。這樣的體格真是天生飯人，最適合為公為私去嚐不同的菜去睡不同的床。文林的勤奮用功落筆細膩也是有目共睹的，唯一要提點的就是不要累壞了，在他已視作家居飯堂的淅里與他開心共飯，不慌亦不忙，吃不完打包回家也只是幾步路。

大有軒精細中菜

A 長寧區虹橋路 1829 弄 2 號（近水城路）
T 021-6275-7978
H 1730-2300

大有軒的總經理蔡昊從來坦言他們家做的不是傳統潮州菜，因此店名註明的是「精細中菜」。而這中菜之所以能夠精能夠細，能夠保持品質和口味穩定，就是摒棄了中餐傳統中憑經驗混資歷又隱瞞竅門不分享外傳的惡習，積極引入了西方餐飲業廚房管理和烹調過程中程序化標準化和科學化的營運方法，充分發揮年輕廚師無所拘泥顧忌，完全白紙一張的優勢，靠熟練保證穩定質量，反而可以保留到飲食傳統中的精華。

光聽老蔡娓娓道來的經營想法已夠吸引，還得親自一嚐以實踐經驗真理。有幸得到敻俏引見，在大有軒的明亮大方簡潔的包廂裡坐下，先來一碗幽香撲鼻、清鮮甘潤的青橄欖燉螺頭湯，強調並非長時間熬煮令食材過分氧化的老火湯，轉用高壓鍋來恰當萃取食材營養。緊接上場的滷水獅鵝頭絕對是潮菜經典，亦是摒棄老滷有害物質以新滷為主的作法。至於高潮所在的鮑汁焗婆參，焗得香脆的外皮和軟滑入味的參身，叫人喜出望外。糖心胡蘿蔔和煎焗大腸更充分體現粗料細作的誠懇感動。當我在甜品時間細啖那最具潮汕特式的反沙芋和最愛的參薯芋泥，我可以想像到廚房裡年輕廚師們備受讚賞時候的成功喜悅和自豪自信。

皮厚肉肥，嚼勁十足的
滷水獅鵝頭，配上私藏
單一麥芽威士忌該是一絕！

敻俏
作家、
美食工作者

作為中國飲食作家群大哥大姐級中最年輕亦最有衝勁最有執行力的標竿人物，敻俏原來是從小就不喜歡也不吃胡蘿蔔的。但在大有軒老蔡的哄噱下，敻俏愉快的吃完並愛上了這裡以肉汁炆煮得軟而不爛的絕妙出品糖心胡蘿蔔。從此這道糖心美味應該叫愛心胡蘿蔔了，有愛有心，才能自成一格建立自家飲食品牌和體系。

外皮香脆內裡滑綿，
鮑汁焗婆參是這裡
最有驚喜的招牌菜。

沒有甜膩芋泥做今晚句號，
何來完美？

未到甜品時間已經
迫不及待叫出
綠茶紅豆撐。

乾悦閣 s10

A 黃浦區淮海中路 1414 號 2-3 樓
（近復興中路口）
T 021-6418-9196
H 1100-1430 / 1700-2300

作為半個廣東人，「撐」粤菜固然在情在理。而粤菜當中偏好順德菜，就是因為順德菜善用地處珠三角水網平原的當地當季豐富食材，從河鮮、家禽、豬牛羊肉、蔬果，以致更有風味的水蛇、禾蟲，無一不精選入饌。民間和專業廚師人才輩出，廚藝流傳遍及港澳、東南亞以致歐美海外，所以早有「食在廣東，廚出鳳城」之說法。香港早年的家傭中不少是順德人士，所以香港家庭日常飲食中自然就有順德口味優勢。

人在上海吃到順德經典好菜自然倍覺親切，得知同聲同氣的店主 Kenny 的母親本是順德人就更添信心。直奔主題先上香滑甜嫩的大良魚麵炒牛奶，脆爽清淡的鳳城炒藕片，那用上肥厚花菇炆得酥軟汁稠的冬菇炆雞腳煲和醬香味濃肉筍鮮的秘藝炆鵝可以連下兩碗白飯。至於更有家鄉特色的煎焗魚咀和煎釀鯪魚，那幾片滑嫩魚云和彈牙魚肉間的絲絲陳皮幽香，不就是親如家人的我家老傭瑞婆的家常拿手好滋味嗎?! 一桌友人吃得興高采烈之餘環顧熱鬧店堂眾多賓客，真心期盼大家通過面前這些順德家鄉美味進一步了解認識嶺南飲食文化，所謂和諧，倒該先從尊重和包容各自的飲食文化習慣開始。

呂鵬
料理烘焙
愛好者

懂得吃煎焗魚咀需要點
訓練時間和方法。

呂鵬稱呼自己作爛李子，其實李子不爛，只是比前年於成都認識他的時候又稍稍豐滿了一點點。作為「宅」在家中不斷鑽研廚藝，私房限量生產出有口皆碑的中西式糕餅甜點的一朵奇葩，原來在年幼時候因父母工作關係早就到過順德，對順德經典名菜大盆魚呀污糟雞呀都十分喜好，說不定他如今立志在廚房幹出一番事業也與這童年得食體驗有直接關係！

煎釀鯪魚是花時費事
的經典功夫菜。

餐飲經營經驗豐富的東主
Kenny 矢志在上海發揚推廣
順德家鄉菜。

孔雀 e28

A 黃浦區蒙自東路75號（近麗園路）
T 021-3307-0770
H 1100-1300 / 1700-2200

毫不猶豫的走進這外頭看來像高級珠寶首飾店的「孔雀」——馬上暴露出我本就耽美的真性情來。首先驚艷的是入門玄關第一眼那一身冷艷冰藍的孔雀真身，有什麼比這更說明經營者的細緻和徹底？繞過玄關，室內牆壁門板窗花都是一色的孔雀藍綠，有人貪方便會叫這 Tiffany 色，連 Tiffany 公司的人到來用餐也會格外有回家的感覺，但其實又有說不出的那麼一點不同。然後拾級而上到廂房去，抬頭先有梯間的俊秀雅緻的宮燈，再有二樓天花的更有民族情調的鏤花燈罩，投下光影至一律造工纖細的靠背單椅，一一都在添增這個空間的巧妙玲瓏。

直到這一刻，友人都沒有再說這家餐廳吃的是哪一個菜系，不過聞香下馬，一路上樓已見大盤小盤滿江紅，香噴麻辣難道做的就是川菜？坐在席中招呼我的餐廳主人笑著道出究竟，這裡的師傅確是四川人，做的是沒有「改良」過的道地川菜，比市面紅紅火火的一般川菜都要原汁原味。也正因這種堅持，室內裝潢倒是可以不落俗套的走出自己風格喜好。餐廳主人不是廚房科班出身，但經營餐飲倒是有不少寶貴經驗。這家原定針對「女性」族群的格外纖麗的川菜館，倒是「男女通吃」的吸引了很多追求真滋味的捧場客。就像餐前先來的溫醇米湯、一路開吃的蒜泥白肉、水豆豉拌鵝腸、毛血旺、麵疙瘩鱔魚、薄餅香乾回鍋肉，都叫我身邊的四川友人驚呼道地得不得了。我這個最愛吃麻婆豆腐的，竟然在這裡吃到加有豬腦的麻辣豆腐腦，吃來格外鮮滑嫩，實在不顧儀態，興奮若狂！

先來養胃米湯，為連場刺激多變揭開精采序幕。

一室孔雀藍綠妖嬈入骨卻不單薄招搖

陳墾
作家

麻辣豆腐腦名正言順的有豆腐有豬腦，一上桌就叫我心生獨佔全盤之意，大愛大愛！

跟這位籍貫四川的老朋友認識了這麼多年吃了這麼多頓飯，印象中竟然沒有一次是川菜！也許是這事事執著堅持的老兄不想隨便給我一個「改良」或「誇張」了的川菜的印象。倒是今回我主動邀他作為密探去品評一下孔雀的川味，怎知才上來三兩個菜，他已經很不淡定的在餐廳主人面前稱讚叫好，再吃下去恐怕就要說起四川話了。

對食器的講究和創意應用超乎想像

餐廳主人妮妮道來經營和裝飾理念

118

戲劇性的裝置建構，
大膽的色彩配搭，
花馬天堂的室內氛圍
營造極有感染力。

菜式的清鮮潑辣性格，
未嚐已先睹

王一揚
服裝設計師

幾年來一直把王一揚設計品牌素然 ZUCZUG 的一條棉質圍巾帶在身邊「保暖」應用，每當朋友稱讚起這啡黑低調格子紋樣，我都有責任把我喜歡的這個牌子和設計師的名字向大家介紹一趟。自從認識了這位溫和淡定的朋友，得知他在市郊打造了一處農舍，更第一時間自告奮勇要去做一頓飯，始終相信人與人在日常生活動作中更能相互了解交心——飲食、朋友、衣裳。

只緣身在此山中？

花馬天堂雲南餐廳 s14

A 徐匯區高郵路 38 號（近復興西路）
T 021-6433-5126
H 1130-1400 / 1730-2230

大愛雲南菜！

以僅有的幾次到昆明市內及周邊鄉鎮的飲食經驗，以及在不同城市尋訪不同規模形態及菜式的雲南餐館，我完全被雲南菜系深深吸引——從來大膽亦自然的應用生猛野菜、香草、菌類、鮮肉臘肉、河鮮等等當地食材，與少數民族的傳統生活習慣和飲食文化共生同長。以清香鮮嫩本味，偏酸辣微麻，酥脆油糯等等口感食味見稱。也因為其率真野性，一直未被收編進入中國八大菜系之中，這就更為喜歡邊沿另類口味者如我輩追捧熱愛。

想起來呼朋喚友邀或被邀去吃雲南館子，都是一夥同聲同氣的同行。兩年前在上海第一次吃到花馬天堂的菜，就是《藝術世界》的主編龔彥作東道主，席間還認識了我一直心儀的「茶缸」和「素然」服裝品牌的設計師王一揚。所以這趟有機會回請，也把兩位邀到花馬天堂在高郵路上的本店，點了一桌特色好菜：從大理風味蔥椒雞、花腰傣味炒牛柳、麗江風味爆炒豬肉、黑松露蒸鱈魚，到主食的雲腿蛋炒飯和野菜餅，都是清香酸辣令人胃口大開。我們坐在餐廳二層最裡的一桌，居高臨下盡眼室內中庭整個用餐區，暗紅主調和民族特色裝置裡客人熱鬧融洽吃得盡興，推窗外望又是綠樹婆娑茂密根本不似身在城中，不禁讚賞餐廳主人對用餐氛圍用心刻意打造，整合出一個源於生活又大於生活的感官味覺經驗。

東萊・海上 n17

A 黃浦區福建中路 94 號（近廣東路）
T 021-6311-5800
H 1030-1430 / 1700-2130

家裡族譜寫的歐陽姓氏祖籍是山東渤海郡，雖然年代著實古遠，但每回路經山東或與山東朋友聊起，起碼是個好玩話題，至少也得沾沾魯菜的邊——如此博大精深的一個菜系，究竟應該從哪裡吃起呢？

一般來說魯菜分為兩大派，一是膠東菜，以口味鮮嫩清淡，烹製各種海鮮著名；二是濟南菜，口味偏重，擅長爆、燒、炸、炒，也以湯菜著名。也有把曲阜孔府菜算成一派，以製作精細用料講究的官府菜為規模。而矢志把煙台本幫膠東菜在上海紮根並發揚光大的「東萊・海上」的老闆王劍鋒坦言告訴我，山東菜就是食材條件太好特點太多，要簡單突出一兩點倒很有難度。

這大抵也是我們該積極的做回頭客多來這店裡光顧嚐新的理由了。就像面前剛上桌的四個冷菜，脆拌八爪魚爽彈有勁，福山燒雞滷味醇厚汁料鮮冽，蟹肉拌黃瓜和老醋蜇頭都是鮮脆開胃的必點。再來熱菜先以工序手勢講究，軟中帶爽，蔥香入味的蔥燒海參做領軍；大蝦炒菜心的菜心盡吸蝦油，愛不停箸；老式炸里脊的酥脆軟嫩最合我意；參花烏魚錢啖啖滑溜，入口都覺滋補；韭菜炒海腸當然的鮮脆，而壓陣的醬燜牙片魚用上當地特色黃醬麵醬與魚燜出鮮濃油亮的好滋味。身為餃子控的我還特意點一份鲅魚水餃，滿滿的鲅魚肉泥鮮美異常，叫我這個長在南方的「老山東」正在考慮是否要認祖回鄉。

東萊，本來就是煙台的古稱，也有紫氣東來的吉祥寓意；海上，也是煙台人的自稱，亦有海產為上的意思。至於由山東把最好的食材和烹調手藝帶到上海，那肯定是為食嘴饞的上海人的福氣。

海鮮食材的豐富多元選擇，令前菜種類變化多端口味突出。

醬燒牙片魚是膠東菜中鮮濃重口的代表作。

韭菜的鮮與海腸的脆，快炒熱吃天生絕配。

吸盡蝦油的菜心好味至極！

熱辣出爐的蛋撻超吸引，
可惜我快要吃不下了！

鄧良軍
獨立策展人

跟良軍這個聰明伶俐跨界出位的四川小朋友在上海吃喝，相約在百分百的港式茶餐廳裡，其實是個不二的選擇。茶餐廳從來就是一個混搭的產物，只有在香港這個中西文化碰擊最厲害的地方才會出世，若能在上海流行也該是因緣。一頭接市井地氣，一頭又從高端異域吸取創意行銷靈感，產生一種你拿他沒法，說不出好在哪裡但其實又真的不壞的可愛特質。良軍，我們是在真心稱讚你啊！

香港招牌的外牆，
似假亦真的就像回到香港！

可以多配一客米飯嗎？

查餐廳 s35

A 徐匯區天鑰橋路 131 號永新坊 B1 樓
　18 號（近辛耕路）
T 021-3461-5618
H 1100-0130

眾所周知港式茶餐廳聞名海內外，從廣東小炒到西冷牛扒，由明爐燒味到奶茶蛋撻，小小一間餐廳內讓食客吃盡五湖四海中西美食。打著「性價比」超高的旗號，營業時間超長！接近二十四小時無間斷的服務大眾，當然穩座香港平民美食一哥地位。

海納百川，百家爭鳴，從香港出發走入內地的茶餐廳都傾向打造有香港情懷特色的裝潢風格表現。譬如位於上海思南路的查餐廳，木卡座、瓷磚地、磨砂玻璃、鐵製窗花等佈局裝潢都像極回到小時候冰室餐廳的懷舊場景，再看上桌的菠蘿油和冰奶茶，噢！怎能不找個時間去試一趟?!

終於有天巧重慶朋友良軍來滬，相邀前往。知道火紅得緊要的查餐廳從思南路擴張版圖到了徐匯區永新坊裡，到場一看果然人氣旺盛，氣氛熱鬧得跟香港大排檔沒兩樣，情緒興奮高漲。牆上掛著的快餐菜牌，粉綠色的麻石地磚，柚木色的摺椅和卡座完全是百分百懷舊餐室氛圍。

週末越夜越旺，年輕男女玩夠唱夠都來夜宵，等呀等到最後只能併桌坐下，立即點了招牌菠蘿油，外皮香脆包身軟糯，與黃油共吃其實不必跟人分享。玫瑰雞嫩滑入味正好配飯，還有 XO 醬海鮮炒公仔麵不知是誰家的厲害發明，這麼香口好吃，哪管得了脂肪超標多少？再來一杯貼近港式味道的冰奶茶，冰塊都是奶茶，由始至終保持茶味奶香濃醇厚。

港式茶餐廳衝出香港，給各方吃貨解饞，教我怎能不感到驕傲？

（文：陳迪新）

囍娜湘香 e14

A 黃浦區黃陂南路373號（近興業路）
T 021-6386-2898
H 1100-1400 / 1730-2200

我的川菜經驗是一個被「麻」倒了的經驗，在重慶的一個館子裡舌頭失去知覺大概半小時。而我的湘菜經驗就真的是被「辣」倒了，在長沙一家飯店吃個中午工作餐一不留神被辣得臉紅耳赤心跳頭暈不知如何是好，但心態良好的我也從此愛上湘菜。

決不介意一般湘菜館的平民大眾格局，又便宜又重口味的大盤大盤擺滿一桌，吃個杯盤狼藉更有粗獷豪邁本色。所以走進囍娜湘香位處新天地這所湖畔小洋房，眼前紅黑一亮的是精緻典雅的裝潢，且看這個摩登演繹如何傳遞湘菜傳統——

用的是湖南食材，聘的是湖南師傅甚至湖南阿姨，以用心拿捏烹調的色香味感動嘗饞一眾。涼菜先來的湘味木耳酸辣爽脆，開胃正好。熱菜小炒花豬肉用上農戶自養黑毛豬，乾煸後與青紅椒快炒出蔥味香濃。臘味合蒸是典型農家特色，雙色魚頭王自是招徠熱賣，我特別小心不要又被辣倒。再來的是每天限量供應二十份的野茶油燜豆腐，師傅每日親自現磨有機黃豆，加入老家石膏土法成形，豆腐先煎後以高湯燜煮，豆香四溢口感滑嫩。甜食糖油糍粑也是家鄉風味十足的糯米製品，最滿足我等甜品控。

作為一個有廣泛群眾基礎的菜系，從菜式的傳承研發到室內裝潢氛圍的提昇改進，都有很大空間作為，年輕時尚之路肯定可行。

沿用土法手工製作的野茶油燜豆腐是鎮店招牌菜。

許曉竹
建築設計師

香濃蔥味的小炒花豬肉下飯最好。

在倫敦認識的這位湖南小姑娘，建築本科畢業後就一個人回到上海開始工作了。一如所有的建築設計事務所的上下員工，工作忙起來天昏地暗的，連好好坐下來吃頓飯的機會也不多，更不要說吃頓像樣的家鄉菜了。所以大叔我特意挑了家湘菜館，讓小姑娘專業品評的同時解解饞，始終相信創作人要吃好喝好才有好玩靈感精彩作品！

湯鮮肉嫩的蟲草土雞湯，寵人愛己滋補一下。

清爽前菜為殭香
重口味先來清口。

脂香肉嫩，每桌必點的手抓羊。

Teresa
大漠路人甲

退休前是跨國銀行集團總裁的 Teresa，長期派駐各地深曉各處人情風土飲食文化，為食嘴刁不在話下。退休後更與比她更早退休的前銀行家現攝影家丈夫 Hisun 開始計畫下半場精彩人生。新疆是兩人一再重遊之地，說起戈壁沙漠旅途中的大盤雞，喀什的羊里脊和撒上粗糖的酸奶，還有剛在羅布泊七日穿越之旅中吃過的烤全羊，一向講究吃喝的 Teresa 切身處地學懂放下身段走入民間。

吃罷還想多來一客的
羊肉薄餅。

敦煌樓 (w4)

A 長寧區長寧路 436 號（近江蘇路）
T 021-5290-4792
H 0700-1400 / 1630-2030

羊癡如我，每到一地自覺不自覺的在頭三餐內必定會吃得上羊肉。無論是白水煮的清燉的紅燒的煎的烤的，只要是肥瘦適中，鮮嫩入口，甘腴暖和的就是滿足。來到上海先嚐過本地特色老店真如羊肉館，再打聽出必要一試的是有蘭州駐滬辦事處相關背景的敦煌樓。樓下是快餐式經營的蘭州麵館，樓上就是羊癡集中地，可以大塊吃肉大碗喝酒的好地方。

晚飯時間為免排隊我們早到了，在等候朋友的過程中，目睹了這沒有什麼裝潢的餐館卻真的是懂門路的食客的至愛。坐下來興奮揚聲點菜，羊來了酒來了，呼朋喚友觥籌交錯開心盡興。菜牌裡的選擇其實沒有特別多，卻是每樣都精準到位，我們先點的蘭州老酸奶又滑又稠，奶味又濃如布丁，正想再叫一杯之際相約的一對夫婦好友從機場趕到，點的涼菜也正好上場。一向心愛的小茴香如麻油醬油略拌撒上生鮮杏仁，香氣獨特口感爽脆，燴拌鹿角菜是第一次見識的新奇口感，撒上椒鹽粉的羊肝叫人開始起喝。接著上來的主角手抓羊肋條不負眾望，肥瘦均勻酥軟嫩滑，蘸上生蒜和鹽椒吃得很爽。烤羊腿小小一份殭香味濃，清燉羊羔肉配餅一樣湯鮮肉嫩大滿足。最有驚喜的是外皮酥香肉餡滿滿的羊肉薄餅，此物一出什麼披薩都該靠邊站了。

雖然都開心吃飽了該離座讓位了，但在座兩位好友興緻高昂的開始跟我們繪形繪聲的述說二十年來多次深入新疆的攝影和覓食之旅，繼續羊呀羊呀羊呀……

冒險家的餐桌

時為上世紀六十年代後期，地點香港。不到十歲的我穿上家裡最正經得體的裇衫西褲和外套，小手拖著外公的大手，推開襯掛著抽紗白簾子的金屬粗框玻璃門，走進位於九龍旺角道與彌敦道交界的「ABC愛皮西大飯店」。餐桌前正襟危坐，外公不但在用餐過程中給我解釋由前菜到主菜到甜品的食材和典故，手把手的教導西餐餐桌禮儀，更要求年紀小小的我跟店內侍應生得體的交談對應，學懂看餐單和點菜——這許多許多年後，我才明白外公這些對日常禮儀和規矩的重視，該都是從他年輕時於上海求學和執業律師工作中的體驗累積得來。作為遠下南洋的印尼華僑顯赫家族後人，外公外婆當年在上海家住法租界，平日家常生活細節，出入活動的場所和交往的人脈都叫我一直十分好奇。即使人生下半場適逢戰亂流徙，但那種在嚴謹家教下自小培養出的少爺氣質和脾性，對生活細節的講究，他是絕對有意識的希望讓子孫傳承下去。當我在這許多年後開始於上海行走，有如外公一樣嘴饞的我第一時間是希望能夠一嚐叫老人家當年心儀的美味，特別是一度領先全國的外來西餐番菜風味——

當然我也不斷的提醒自己，不要掉進那所謂懷舊的圈套，那不過是一台矯情造作的佈景。在這個最壞亦最好的大時代中，留不住，討不得亦回不去的遺憾實在太多——歷經計畫經濟下公私合營，產權轉手，城改動遷，公司重組種種變更折騰，一些連名字也改過好幾次的當年的西菜社西餐館諸如德大、紅房子、新理查，如今碩果僅存，無疑是老一輩上海人的味覺生活回憶，但以今日餐飲的水準評價和表現都是差強人意叫人困惑嘆息。如果還以這樣的烹調水平和服務素質去撐起一個「西餐」的招牌，實在冤枉了當年創業的中外餐飲界前輩，也辜負了上海作為一個積極向上蓬勃開放的國際都會的名聲。

一旦放下這個「老上海西餐」的包袱，眼前的上海西餐景象倒是刺激不絕驚喜連場。國際一眾星級名廚頻密到訪交流以致長期留駐，抓準機遇的來滬開創甚至沒法在自己國家和城市實現的餐飲理想。這些野心勃勃信心十足的廚房冒險家們，率領起外來和本土人材結合的專業團隊，搜羅來自全球各地的傳統優秀食材，也用上中國本土生產的更接地氣的生鮮蔬果和肉食家禽，發揮遊走全球實戰累積得來的烹調經驗和飛揚跋扈的創作靈感——當我一家一家的去嚐新，經歷一次又一次的震撼，毫不懷疑的肯定現今上海是國際當代西餐的一個實驗舞台，一塊兵家必爭之地，嘴饞為食又勇於一同冒險的我們何止竊竊暗喜，簡直澎湃開心。

8½ Otto e Mezzo Bombana  n10

A 黃浦區圓明園路 169 號協進大樓
　6-7 樓（近北京東路）
T 021-6087-2890
H 1800-2400（週日休息）

始終相信，一個城市能夠稱得上是國
際都會，一定是體現在這個城市是否
開放包容，是否有多元選擇，是否能
夠讓從五湖四海擁而來的有著各種
文化背景，不同階級出身，不同種族
膚色的人群可以有一個真正溝通交流
並且共融互利的生活環境和生存機
會。不同城市固然有各自的歷史發展
背景和現存社會制度人文素質，硬要
比較顯得勉強，以相互參照則有其積
極意義。

地處上海外灘源的 8 ½ Otto e Mezzo
Bombana，開業以來長期滿座，位於
當年中國基督教會協進大樓舊址六
樓的這家高級義大利餐廳，食客當
然是冒名而來——國際名廚 Umberto
Bombana 的眼界與判斷，首任行政
主廚 Alan Yu 的選材與廚藝，副主
廚 Silvio Armanni 及甜品主廚 Sohya
Takahashi 的細緻配合，還有餐廳總
經理兼侍酒師 Gian Luca Fusetto 的
專業挑選，雞尾酒調酒專家 Dario
Gentile 的秘方和技巧……之所以一
口氣把這批在業界都響噹噹的高人恭
請到來，就是要說明這等夢幻組合在
對的地方對的時機對的氛圍中共存，
激發出的能量定會讓身邊早已按捺不
住的一眾食客，在味蕾上感官裡得到
最大的刺激和啟發。而當下的上海，
正就是這樣一個充滿機遇、挑戰和可
能的地方，令到全球有識有智有勇有
謀之士，都野心勃勃的爭取第一時間
在此一爭立足曝光機會。也引證了那
一句勵志經典老話：機會永遠留給有
準備的人，能否發光發亮就真的要看天時地利人和——我們作為
圍觀食客的，因緣際會，走進這些設計細緻策劃周全的餐飲空間，
即使用餐時間還未正式開始，已經進入這強大氣場當中，有觸有
感。

走進 8 ½ Otto e Mezzo，就如走進電影當中，直接向義大利導演費

用餐前後不妨都在這戲劇性風格化的吧檯前駐足盡興。

鮮甜脆嫩的扇貝配上甜椒蛋黃醬已是一配黑橄欖點綴提味更佳

首任行政主廚 Alan Yu，信心滿滿一展所長，啟航再闖事業高峰

低溫有機雞蛋配黑松露汁，流動的饗宴在此。

慢煮波士頓龍蝦配上
Bourride 醬汁，
鮮嫩細緻回味再三

鏡面立體天花，
視覺衝擊大膽強烈，
黑白地毯紋樣明快利落，
為餐廳主體裝潢環境
進建出格局氣派。

綠蔬燴飯配上最愛的燜牛舌，
小清新擁抱重口味！

現代解構版提拉米蘇
提醒大家都活在 8 1/2
甜美生活中……

里尼的經典名作「八又二分之一」致敬。電影中戰後義大利經濟起飛中舊貴族和中產階級新富的跌宕奢華生活，情慾愛恨交纏，這麼遠那麼近，與當下社會現實中眾生色相互為指涉。此間室內設計構建出的大氛圍呼之欲出倒是「甜美生活 la Dolce Vita」這另一經典形容。黑色主調從天花的多邊幾何鏡面反光立體組合，黑色大理石牆柱，厚軟黑色地毯鑲配白色菱形紋樣，各款黑皮及黑漆木單椅和吧椅，一一相互呼應，為高貴格局馬上定調。而點綴其中顯示出講究細節，精準的用上原木的沉實，金屬的亮麗，水晶的通透，叫一眾賓客為之驚艷之際，留意如何在舒適自在的同時，仍不忘表現一下自身內在的優雅和魅力。當我被引領通過外圍走廊經過其酒窖、貴賓廳、吧檯……每個場景的主體色調和質材微微相互配合又突出各自獨立的性格，叫人由衷折服。餐廳位於七樓的戶外開放露台，亦是一處可以一邊360度盡覽黃浦江景，一邊聚會派對的絕佳地點。

有機會跟這裡的首任行政主廚 Alan Yu 聊天，祖籍上海的他自幼隨家人移民美國，在家族經營的唐人餐館中長大，大學修讀的是計算機專業，最終仍回到熱愛的餐飲行業中。Alan 先後在紐約的 Jean Georges 和華盛頓的 Citronelle 餐廳中鍛鍊出有口皆碑的驕人廚藝，被邀回香港星級食肆主廚以及在上海擔任餐飲顧問的幾年間，更矢志把身在西方餐飲世界中所學所悟回饋日益成熟刁鑽的本地食客。對於餐飲潮流中近年頗受關注的分子料理，Alan 坦言不太感冒，他還是願意踏實而又講究的為他的食客帶來貼心實在的美食體驗。至於剛回到上海時對此間環境、空間、食物的種種不適應，他微笑著說還在調節當中，他緊張自己的身體健康狀態，特別是味蕾味覺的清晰敏感，因為這是一個廚師最重要的資產。

能夠在充滿歷史感的精心修復的大樓裡，穿越時空，再來呈現過去現在以致未來的觥籌交錯蘊藉風流，如果 10 分是滿分，這裡又豈止 8 1/2。

Jean Georges n15

A 黃浦區中山東一路3號外灘3號4樓
（近廣東路）　　T 021-6321-7733
H 午餐：1130-1430（週一至週五）／
　　　　 1130-1500（週六週日）
　　晚餐：1800-2230

眾所周知外灘沿黃浦江邊是萬國建築博覽群，二十餘幢向西方歷史各個年代風格模仿改造致敬的折衷主義風格的古典大樓一幢緊挨一幢。作為建築設計狂熱愛好者，初到上海第一時間到來朝聖，一路走過去走進去，就像有史以來最強的建築和室內設計大師們守在那裡指點關照，替你上一堂又一堂課。來到千禧年，外灘這一列原來的銀行、商行、總會和政府機關的大樓開始華麗轉身，陸續進駐國際高端消費品牌專門店、五星酒店和星級名廚主理的高級餐廳。路過的我在此多加一個身分，同時作為一個超級吃貨，早午晚深宵在外灘一路吃起，絕對能吃出一部當代中外美食文化發展史！

余光照
影藝經理人

跟光照約會吃一頓飯是要有點耐性的，因為這位國內國外頻密往來的老朋友得每時每刻隨機應變擺平順妥很多正經人瑣碎事。他終於跟客戶開完一個早上的會議，終於來到 JG 高雅大氣的用餐環境裡坐下，我當然不會馬上八卦他身邊這位那位演藝名人的逸聞，也絕不會要求光照用他流利的法文在這法餐廳裡高調點餐——如果我們有幸享受生活中種種奢華耽美，也一定不忘感恩自覺回饋，更要懂得尊重欣賞所有為提升美好生活品質默默努力有所貢獻的人——自由、平等、博愛是永遠的三原色。

走進這幢由發展投資商特邀美國後現代主義建築大師 Micheal Grave 做空間規劃改造的外灘3號，04年開幕當年我已經直奔主題，慕名到由法國星級大廚 Jean Georges Vongerichten 主理的 Jean Georges 餐廳見識。走進室內設計由 Micheal Grave 一手包辦的華麗開闊的用餐區，棕黑色木地板，黑雲石大柱，暗紅絲絨垂簾，紅銅色天花呼應坐椅靠背，雪白的檯布，精緻的銀器餐具，加上眺高樓底大窗外望江景，還未看餐牌已經被震撼受感動——上海作為一個國際都會，本該就有這樣一流水準和

帥氣的行政總廚日理萬機，是餐廳的靈魂人物。

質素的餐廳。興奮點菜後用餐中進一步真正明白了解 Jean Georges 本人在堅守善用頂級食材的原則下，革命性的以新鮮蔬果汁精華和清湯推翻法餐偏重奶油和肉質醬汁的傳統作法，果然為注重健康的新一代食客的味蕾和視覺帶來衝擊驚喜。而來自香港的現任行政總廚林明健兄跟隨 Jean Georges 學藝多年，從上海的 Jean Georges 開業便已加入團隊，實戰經驗豐富。餐後聊天時，他興奮直言說上海的消費者要求和接受能力都超強，來自世界各地的食品原材料供應也越見豐足，廚界精英雲集，的確有很大的空間去試驗和實踐很多好玩有趣的烹調手法和經營意念。只要你想得出，就考驗你是否做得到。頭頂上的光環是有心有力的每個人自己努力爭取回來的。

品味格調的確立，從進門的每一個細節體會呈現。

首先登場的海膽吐司，內抹黃油外加一片墨西哥辣椒和一點柚子屑，狠狠一kick，味蕾覺醒！

香煎深海扇貝是這裡的招牌必點，不同季節心情配不同醬汁和配菜，今天的是有青咖哩口味香草奶油汁和萵苣，輕重拿捏正好！

法式鵝肝醬配酸櫻桃乾和糖衣開心果，漂亮挑戰傳統。

培根捲大蝦配酪梨，驚喜處在那作為煎醬的用心熬配的熱情果和孜然蜂蜜。

來到風靡一眾的巧克力溶岩蛋糕的誕生發源地，可否再添一份！！

酥炸海鮮是我的至愛，
配上辣銀魚沾醬又是
開心新嘗試！

王秋生
品牌傳播與
設計項目
經理

炭烤章魚土豆沙拉
橄欖和茴香醬汁配拌，
家常口味細緻提升。

每趟跟 Allen 碰面，都會叫
我直覺聯想起精緻、亮麗、
耀眼幾個關鍵詞。當然這不
只是用來形容面前這位帥哥
的外表，而是他待人接物一
貫的精準認真體貼周到，與
他服務的法國經典水晶及餐
具品牌的理念和形象渾然絕
配。而 Allen 亦深信越是奢
華矜貴，越有自尊自信就
越能放下身段——所以他第
一時間建議要來 Mercato 吃
一頓飯。在這 rustic modern
格調如倉庫一樣的空間內
casual with a twist 的食譜中體
驗新舊世界的矛盾和碰擊。

萬眾期待的番茄薄披薩
得趁熱出手。

鉄味蘑藝醬義大利寬麵，
越簡單的菜式越考工夫

餐廳中央是開放式披薩吧
和吧檯，食客與廚師互動
交流一份的傳菜情味。

Mercato n14

A 黃浦區中山東一路3號外灘3號
　6樓（近廣東路）
T 021-6321-9922　　H 1730-0100

就是因為 Mercato 這個名字，就叫
我值得呼朋喚友一來再來。作為傳
統菜市場的狂熱追捧忠誠擁護分
子，Mercato、Marche、Mercado、
Market、Bazaar、巴剎等等不同語文
不同叫法也不同種類分工規模大小的
菜市場，都是我遊走各處的終極目的
地。在傳統菜市場裡你不僅可以買到
一切飲食生活所需，更能準確直接地
認識了解當地民眾的日常習慣喜好。
在這個能量十足的空間環境裡，感受
到梳理出這個城市鄉鎮衰落和興旺的
關鍵原因。當然菜市場裡以及其周
邊，都有最傳統最有趣的庶民飲食，
懂門道的肯定流連忘返飽醉終日。

同樣是在外灘3號，同樣在 Jean
George Vongerichten 餐飲帝國旗下，
取了這個義大利名字的 Mercato 餐
廳，是有強大野心亦有豐富餐飲經營
經驗技術執行力的 Jean George 團隊
放下身段的一個熱鬧輕鬆新動作。
找來深諳新舊碰擊交融之道的 Neri
& Hu 設計團隊，任命年輕韓籍女廚
尹孝靜微笑領軍，打造一個有義大
利傳統開放式市集感覺和精神的餐
飲格局氛圍。如果說位處四樓的 Jean
George 餐廳是精神貴族用餐處，六
樓的 Mercato 就是貴族微服出巡，與
民同樂之地。

刻意保留的斑駁天花，新添的工業
用的金屬結構，回收的木地板，造
型簡潔的玻璃吊燈，倉庫通道一樣的
迴廊，白天明亮自然光，晚上暈黃燈
影，一切細節都有助構建現代都市人

心中的一個似曾相識的理想 Mercato 菜市場。種種材料質感也與熱
鬧滿桌的義大利道地家常食物很是匹配：撒滿蒔蘿香草和橄欖的
生魚薄片，鋪滿乾酪和芝麻菜的牛肉薄片，炸得香酥脆嫩的雜錦
海鮮，炭烤噴香的輕薄式披薩，連骨帶肉的烤得汁濃肉嫩的牛肋
排，還配上煙燻燻辣椒紅酒醬和炸玉米條……一切就在這市場中體
會經歷，市場就是氣場，身心追求的就是飽滿富足。

Mr & Mrs Bund ⓷

A 黃浦區中山東一路 18 號外灘 18 號
　6 樓（近南京東路）
T 021-6323-9898
H 午餐：1130-1400（週一至週五）
　晚餐：1800-2230（週日至週四）
　　　　1800-2300（週五、週六）
　宵夜：2230-0200（週二至週四）
　　　　2300-0400（週五、週六）

莊祖宜
作家、家廚

都說出外用餐是一個全方位的體驗：
個人的心情和健康狀態，天氣，餐廳
的室外風景室內裝潢、空調、燈光、
音樂、服務員的衣著、侍客的態度和
專業知識互為影響，當然最重要的還
是食材的選擇配合，廚師的烹調技術
和經驗，對菜式整體風格的拿捏掌
握……簡單一句，你是否有心去吃？
餐廳是否有心去做？將心比心，至為
關鍵。

以讀者粉絲的身分約好剛剛做了第
二任母親的祖宜去外灘 18 號這家
開業五年仍然紅火旺盛的 Mr & Mrs
Bund，一心跟這位廚房裡的人類學
家一邊吃喝一邊討教分享。餐廳給我
們留了很好的窗景位置，上海灘夜色
照樣閃亮璀璨，雖然我對那串不規則
糖葫蘆似的明珠塔從來不感冒。餐廳
空間寬闊，刻意地隨意擺放一堆洛可

認識祖宜，有幸同台吃飯，
只有羨慕妒嫉，沒有恨——
如果要怨，就怨自己為什麼
十年二十年前沒有這個自
覺，像祖宜一樣毅然從人類
學課堂出走叛變，入讀烹飪
學校。我也應該從設計師的
漫畫家的媒體人的身分跳入
廚房，好好掌握專業廚房技
術，師從名廚，東闖西蕩南
征北伐。即使到頭來不一定
留守廚房發展，該也能更好
的在餐桌中吃出學問吃出道
理。祖宜一邊微笑吃著那神
奇的檸檬塔，一邊微笑著安
慰我，有心未為晚，回家就
給你查好紐約幾家烹飪學校
地址電話，你什麼時候報名
什麼時候出發？

可風格的高頭大馬的紅黑皮桌椅以衝擊這個近乎赤裸全白的大廳，
這樣的風格亦不是我的喜好。再加上一進門耳邊就響著實在有點
太嘈雜熱鬧的英美流行歌曲——我，我真是個挑剔又麻煩的傢伙！

可是我的心情其實還是很好的，因為難得約到這位超級好媽媽，
祖宜甫一進來坐下跟我話匣子一開就關不了——然後我們點的菜
陸續上來了，一聲聲歡呼一陣陣驚喜，及至最後幾乎站立鼓掌。
祖宜對每道菜提出的專業問題，我把盤子東擺西放讓攝影師拍完
又拍，快要把溫文有禮耐心講解每道菜的服務員都搞糊塗了。但
能夠近距離目睹並親口嚐得早負盛名的星級法籍大廚 Paul Pairet 繼
翡翠 36 的分子料理實驗之後，回歸平和樸實傳統但又不忘創新點
題引導的跨文化美味，實在連場震撼，來不及感激！

放在罐頭裡鮮美柔滑的鮪魚慕斯配小脆餅；先蒸再烤的皮輕脆肉
超嫩的雞胸；柑橘香草罐蒸大蝦把蓋打開來滿室飄香；蒸黑鱈魚
配泰國香米特別原汁原味。主廚獨創松露鵝肝醬，在一口滑嫩甘
腴的同時，咬得焦糖果仁和葡萄乾的脆韌；還有用真空烹調處理，
先讓湯汁入肉再烤製的醬燒小肋排，甜品時間讓我們嘆為觀止的
香濃檸檬塔，創意和技術天衣無縫……室內音樂還是很吵，明珠
塔還是很醜，但我已經知道我將會一來再來再來！

絕對夢幻配搭：
鵝肝的甘腴滑嫩 VS 焦糖
果仁和葡萄乾的脆韌彈動

大廚獨創的以橙汁、檸檬汁
青檸檬葉、香草配調，
密封的罐蒸大蝦，打開來
一室清鮮香氣，
蝦肉通透脆嫩不在話下。

檸檬挖空留薄皮，先以糖水加熱
浸煮再泡浸兩天，填以檸檬 sorbet，
檸檬果醬及鮮葡萄柚，配上檸檬脆餅，
技驚四座，回味無窮。

Sangria 水果調酒，
醉人於不知不覺。

一見如故好朋友，
分享的又豈止美味

烤乳豬一到，我們乖乖
馬上停口不說話。

Willy 老兄舉手投足
把他的南歐樂天性格
表露無遺。

莫仁傑
建築師

認識 Alex 太久了，從他由一枚萬人迷小帥哥變成一位父親輩的大帥哥；從香港到台北到上海；從走進他的實驗性工作室小空間到合作過的零售概念店到目睹他參與指導的大型基建項目城市規劃；一直以來他追尋並堅守的就是一個標準，一個沒有脫離現實卻又前瞻向上的標準，一個活潑有趣同時嚴肅認真的標準。所以我們約在他一定喜歡的 El Willy，他也邀來了中國設計界的兩位低調又厲害的人物 Uma 和 Ziggy，同聲同氣，交流如何拿捏一鍋 paella 燴飯的軟硬標準。

El Willy

A 黃浦區中山東二路 22 號 5 樓（近金陵路）
T 021-5404-5757
H 1100-1430 / 1700-2230（週日休息）

早以開朗活潑幽默風趣性格貫穿他的餐飲事業，在上海飲食圈子受到中外一眾食客鼓掌吵鬧擁護的 Guillermo Willy Trullas 老兄，在他著名的 El Willy 花園餐廳以外，在外灘中山東二路一幢修復完成的大樓裡，又取得一個有利位置，一步又一步的接近這位餐飲頑童的創意夢想。好事好吃如我，當然約好一眾好友第一時間來湊個熱鬧。

預約準時推門內進，盡眼望去是闊落無阻的用餐區，兩側繪有可以大快朵頤的美味海鮮——有魚有蝦有蟹有章魚有海藻的漫畫玻璃屏風稍作分隔。可以想像當餐廳擠擠著談笑風生開懷吃喝的賓客之際，大家就在這開心美食漫畫的氛圍中，品嚐 Willy 大廚及其長久合作無間的專業廚師團隊為大家精心準備的西班牙傳統 tapas 創意現代版。小碟大碟層疊堆滿，葡萄酒這杯那杯碰得清脆亂響。加上晚來外灘那懾人夜色，一加一加一大於四五六七——當一家餐廳有了靈魂人物經營主管，有了齊心協力的合作員工夥伴保證服務品質，也有了對的地理位置讓客人出入方便舒服，這注定的成功就不靠什麼星級裝潢設計師什麼殿堂級經典桌椅燈光去支撐大局。

反之這裡的賣點是活潑開朗 Willy 老兄的個人魅力和爽快俐落、體貼周到的團隊精神，當然還有我們放肆起來點滿一桌且一開吃就不停口的美味：蒜香辣味橄欖油煎大蝦，酥炸魷魚配蒜香醬，脆炸伊比利亞火腿奶油球，甫一登場統統就被消滅清光。傳統西班牙雞蛋冷湯配蟹餅，有機溫泉蛋配鵝肝及松露，煎蛋捲點一份不夠還得臨時加碼。主角是需時一天又醃又烤的脆嫩乳豬配蜜梨派伴波特紅酒汁，撒一把開心果點綴當然更開心，還有那要站立鼓掌的招牌龍蝦燴飯，鮮得嘿——

Willy 坦白承認在中國城市環境中經營自家理想餐飲比在世界任何地方都要 tricky，兜兜轉轉成事叫他更入世也更通達。畢竟也是過客的他在這個還算充滿機會之地還是會好好的迎接每一天。世界之大，不管此時彼時在哪裡，我還是願意看到他的活潑雀躍神色，聽到他的哈哈笑聲。

Table No. 1 by Jason Atherton `e15`

A 黃浦區毛家園路 1-3 號（中山南路 505 弄
　老碼頭旁）
T 021-6080-2918
H 1200-1430 / 1800-2230

反覆再說又再說一次：獨食易肥，吃
到底的目的，就在分享！

所以我決定把兩個好朋友 Michelle 和
孝忠，都請到南外灘 The Waterhouse
水舍酒店的 Table No. 1 一起晚飯。
也不確定她和他是否之前在媒體活動
裡本就認識，加上家裡大的小的，一
桌五人就可以分享更多！

當然要挑這裡的第一個原因是眾所
周知的，酒店和餐廳整體的後工業
rustic modern 樸拙原型風格一直都是
我的「菜」，這也要多虧負責策劃設
計這空間的建築設計師 Neri & Hu 夫
婦檔。一次又一次的抓準上海老街道
老建築本來就有的過人魅力，以局部
翻新同時保留舊貌菁粹的衝擊混搭，
造成視覺和觸覺的全方位震撼效果，
能在這曾經是日軍武裝總部的原址裡
與老友同桌共餐閒話家常，實在十分
期待！

第二個原因是要分享 Table No. 1 的
星級大廚老闆 Jason Atherton 和總
廚 Scott Melvin 的心思和手勢。之
前我分別在倫敦廚界大老 Gordon
Ramsay 的 Maze and Maze Grill 裡見

劉憬苓
公關公司
總監

跟 Michelle 認識的這好些年
來，印象中每一次碰面都跟
吃喝有關。她帶我到當時還
沒開設自家旗艦店的蔡嘉法
式甜品吃金牌拿破崙還外帶
榴槤蛋糕，帶我去美新吃春
捲和湯圓，去老地方吃炸豬
排和芹菜目魚麵，到陽澄湖
邊農家小院吃大閘蟹，到蘇
州胥城大廈買鮮肉月餅。我
們又在米蘭吃星級館子，在
她家裡作客做飯⋯⋯這鍥而
不捨的吃喝都是為了追求和
守護一種我們深信的生活態
度。當她說到現在的上海年
輕上班族早餐摒棄一碗小餛
飩，而到便利店買一個冰冷
飯團，我倆無言以對只有搖
頭嘆息。

就連前菜之前的桌上
小吃拼盤也叫人吃不停口，
對接著上桌的就更有期待。

燴牛臉肉和牛尾軟滑入味，
配上有獨特香氣的煙燻土豆和
鮮甜紅蘿蔔，是至愛首選。

識過 Jason 和 Scott 的創意，也在 Jason 自立門戶後的第一家餐廳
Pollen Street Social 吃得痛快，如今兩人在上海高調插旗大展拳腳
打造上海第一家 gastro bar，當然要跟為食老友一起來分享。

我們在漆上黑牆的一個可以看到整個用餐區的玻璃門廂房裡用餐，
一面聽著孝忠分享他的緬甸之旅，一面吃著餐廳自家製的麵包，
蘸點橄欖油、豬肉醬和海藻橄欖醬，亦一面盛讚那輕醃過的油甘
魚配蝦和西班牙凍湯，更趕緊把蟶子和西班牙 Chriso 趁熱吃掉。
然後一面聽著 Michelle 描繪上海舊年代農村灶頭師傅如阿山前輩
的十項全能和人手物流管理技術，一面被嫩滑的燴豬五花肉和響
脆炸豬皮感動，被比目魚的輕滑細軟和墨魚汁飯的濃香和嚼勁深
深吸引——因為有分享的藉口，肯定也放肆的點滿一桌，獨食易
肥，只要你說我沒變我說你沒胖就好了。

煎得皮脆肉嫩的比目魚，
配上甚有嚼勁的墨魚汁飯
對比與平衡考驗功力。

甜品拼盤最適合
貪心為食如你我。

酒窖藏酒選擇眾多，當然來自法國的不同產區，也因為 Franck 在法國有自己的入貨渠道，能獨家提供在上海市面找不到的好酒。

服務員以英文向我們詳解以粉筆寫在小黑板上的當日菜式。

一如法國城鄉街角處處可見的 bistrot，菜式不多，但都是實實在在溫暖貼心的傳統經典。

如無預約訂座，晚飯時間根本沒法擠進來。

作為一個食肉獸，Olivier 一口氣吃了大半隻牛排，讚不絕口。

Franck Bistrot ⓢ28

A 徐匯區武康路 376 號武康庭內
（近湖南路）
T 021-6437-6465
H 1800-2230（週一至週五）、1200-1430 /
1800-2230（週六）/ 週日休息

Olivier Marceny
電影人、攝影師

人海茫茫，如何找到一個真正合適的對象？先不要談邂逅終身伴侶，單單就是要找到能夠取短補長話頭醒尾，共同進退體諒包容的工作夥伴，在今時今日就絕對不易。像我們這些四出覓食但同時要做準確細緻的圖文以致錄像紀錄，既有原則立場態度又能夠因地制宜隨機應變，簡直就像上戰場打仗一般。新相識的 Olivier 能夠成為我們一夥，除了在專業技術上有優秀表現，最最重要的，他也是超級吃貨！

Olivier Marceny，一個法國人，新相識。在巴黎在紐約唸電影，畢業後參與電影製作多年，亦以自由職業身分為時尚媒體和文化項目做平面攝影錄像拍攝。遊走歐美工作生活之後，路過台灣，首次踏足中國大陸，落腳地：上海。

這大抵是身邊無數老外創作人、設計師、藝術家、廚師，以致各行各業人士跟你在上海某個街區某家咖啡店某個餐館碰面認識後娓娓道來的一段生活軌跡。Olivier 對當下身處的這個充滿可能性的城市當然很好奇很感興趣，希望建立起人脈關係找到工作機會和創作空間。他通過朋友介紹，認識了也同時在上海街頭遊蕩覓食的我們，一拍即合，以觀察記錄者的身分，以錄像作媒介參與我們以味覺導引認識的城市之旅。

所以我與這位初到貴境的新朋友，去吃澆頭麵去拍臭豆腐去找四大金剛去吃紅房子去蓮花島吃大閘蟹。然後來到這在 1907 年叫做福開森路的武康路，走進街道兩旁滿佈梧桐的 376 號 Ferguson Lane 武康庭，先在 Farine 麵包房喝了杯咖啡買了一條他最熟悉的法棍當明天的早餐，然後在預約好的時間作為這晚第一批客人準時站在 Franck 餐廳的門口——據說這家法國小館開業時餐單上只有法文，作為一種顯示正宗的姿勢。當然在老闆 Franck Pecol 的執著堅持下，Franck 餐廳從室內裝潢格局氛圍到每日菜式餐牌到酒窖內的品種藏量到服務態度都百分百的法國 bistrot——把 Olivier 邀到這裡共進晚餐，不是圖個點菜的方便，也不是讓他見證究竟頭盤 Grande Charcuterie 的火腿雜肉、鵝肝醬和豬肉鹿肉雞心醬有多正宗；前菜白酒煮青口有多鮮嫩；主菜的肋眼牛排厚切烤得是否到位；焦糖布丁否太稠太甜等等，我是希望讓 Olivier 知道，在這地處過去的法租界中心位置的安靜街巷裡，作為一個法國人絕對可以有如在家裡一樣活得很好。而我更想他知道，協助 Franck 打造這法式標竿地盤的大廚是在巴黎具五年掌廚經驗再到上海發展的日本人江田豐和——什麼都有可能，只要你的心在這裡。

Cuivre S17

A 黃浦區淮海中路1502號（近烏魯木齊路）
T 021-6437-4219
H 1800-2400（週二休息）

走進由近年在上海美食圈名氣日響的法籍大廚 Michael Wendling 萬邁克主理的古銅法餐 Cuivre，完全像回到一個熟悉舒服的自己的家。猶記得餐廳開業不久時已覺這裡有一種毫不陌生的渾然融為一體的親暱的氛圍，直覺這樣一個嶄新的地盤能夠有此馬上準確到位的狀態，完全就是總廚本人和經理以致廚房餐廳內外同仁已有默契共識，才能成功互動出一個強大氣場——這絕對不是忽晃兩下虛招可以達致的一種境界，這需要多少年在廚房內在餐廳裡的實踐功力，對烹調對食材食物無比了解認識和尊重，對客人有如家人的體貼關心，才可以達致的一種修為。

師從法國名廚 Georges Blanc，在法國境內多家米其林星級餐廳都工作過，累積了豐富廚房經驗的 Michael，幾年前被邀來上海為 Meridien 酒店打造高檔 fine dining 法餐廳 Allure。一向志在四方，願意不斷接受新挑戰的他，發覺上海是個可以讓他大展拳腳的好地方。在籌組班底的時候，他更馬上把八年前在法國合作過的舊夥伴 Fanny 邀聘過來任職餐廳經理，帶領一眾年輕副廚，在短短幾年內就把 Allure 打造成上海餐飲界一顆閃亮的星，也因此打響了自己的名氣。

放下了傳統 fine dining 身段經營起法國家庭式 bistrot 小餐館，Cuivre 終於在古銅色的閃亮的溫柔中降生。眾多新舊客人對新餐廳從內外裝潢佈置，燈光氛圍，到菜式風格選酒價位以及服務態度都讚不絕口，當中關鍵是大家都感到 Michael 和團隊在重拾輕鬆身段後依然積極認真的以最專業的水準備餐侍客。談到這一室古銅基調的室內裝潢設計，Michael 笑說這是他從小就喜愛的色澤和質地，而 Cuivre 一字，亦正是法國廚師對廚中必用的大小銅鍋的暱稱。

每回我結伴連群造訪，都在可以敞開向街的陽台中，在一個無分國界的輕鬆愉快的用餐環境裡，與從廚房忙完一轉又一轉出來跟大家打招呼衷心問好的 Michael，還有正在跟顧客談笑風生的 Fanny 再分享各自的工作和生活近況。一家法式 bistrot 小餐館能夠成為一個無拘束無隔閡的溫暖老地方，散發歷久常新的古銅光亮，就是因為有堅持有態度有夢想。

黑菌奶油白豆湯是每回溫暖貼心首選。

用竹籤鐵編織成的大型天花巾燈，光影魚龍舞，充斥這一小段淮海中路。

用上當地回收舊木材拼貼打造的地板連天花，幾把溫暖貫徹到底。

龍蝦米飯配西班牙芝士，香濃蔥味重頭戲！

入口油香四溢的煎牛腴肉配小乾蔥紅酒汁是主廚 Michael 的拿手名菜

多年老拍檔：Michael & Fanny 「煮」內顧外，為理想開心打拚。

怎可忘掉百吃不厭的 crème brulée！

用上六種番茄做的沙拉，
第一次可以一次入口，
不同程度的厚薄酸甜，
有姿勢有實際的同時
更有誠意。

看 John 替我們準備
carpaccio 的模樣，
便令明白為何「專注的
男人特別吸引人」！

高任飛
商場推廣部
經理

經常跟 Henry 電話電郵聯
絡談公事，倒真的沒有私下
好好吃飯聊天。這回商量該
吃什麼菜——日本料理？他
才剛從日本度假回來。茶餐
廳？他又常有機會要到香港
出差。就到這家有口皆碑的
義大利館子吧，為他下一
回放假遠行做點功課——常
常覺得像 Henry 這代 80 後
青年真幸福，生活和生存條
件都比我們這一代好多了，
更早就有更多見多識廣的機
會。當然希望也真的寄託在
他們身上，擴闊眼界敞開胸
襟，少年智則國智，少年強
則國強，少年能吃愛吃懂吃
——

無論是義大利麵、薄餅，還是碳烤香醃豬肋排，
John 都隨時樂意把菜色背後的故事和心得
及每位食客分享交流。

初見面，Scarpetta 的主理人 John 文
質彬彬，滿口流利英語，看來是位
可以衣來伸手飯來張口的公子哥，聊
起天來開始確定其吃貨的身分，想不
到原來背後有更多有趣故事——

這是 John 的第一個 baby，進門前先
被一列看來不只裝飾且實在好用的食
譜書吸引著，接著一行五人占據了舒
適親和的店堂中央，長木檯上每款食
物的賣相都是為了吸引手機的鏡頭，
拍夠後又親自動手把它們破相——把
奶香玉米糊的芝士脆餅打碎沾著野菌
吃，將冰糖檸檬跟雜錦香草沙拉與其
他配料徹底拌勻，還要把金黃香炸小
魷魚用自家製的墨汁 aioli 染黑。正
當大夥準備把油花滿佈的澳洲神戶牛
肉 carpaccio 切開時，John 馬上趨前
請纓替我們將牛肉片捲好切成一小
口，難怪網上的食評都點名大讚他們
貼心的服務。

這裡的薄餅不能不試，John 結合
了義大利不同地區的薄餅特性，創
出有自己簽名式的外層鬆酥中間軟
糯的餅底，我不顧儀態直接用手拿
起最獲好評的蜆子文蛤薄餅邊吃邊
聽 John 說故事——自小在家深受廚
藝了得的外婆和媽媽耳濡目染讓他
愛上作飯，早年更被旅遊飲食節目
《No Reservations》的美國大廚主持
Anthony Bourdain 大叔的超強感染力
啟發，最後更放棄金融業的高職走進
自家廚房。

從未有接受正式廚藝訓練的 John，
手中開心緊握的是自己年來愛吃愛煮
愛嘗試的實驗成果：店內的食譜書都
是他細讀並實踐過的參考書，開店前
更走遍各地親身試菜做資料搜集，回
來再逐一改良成為自家店內菜式。這
份心意和熱情，真的感動每一位座上
嘴饞為食客。

（文：葉子騫）

de Bellotas e8

A 黃浦區太倉路68號（近順昌路）
T 021-6384-1382
H 1100-2400

奔呀！跑呀！這一百多個頭被細緻照顧的西班牙伊比利亞黑豬，在占地近百五公頃滿佈橡樹的農莊裡，自由的跑到橡樹下吃那從每年十月到二月掉下來的橡實，人不如豬乃肯定的了——

而過了最多十八個月這樣又吃橡實又吃野草又吃橄欖的日子，當黑豬發育成熟到了大約一百八十公斤，到了生命中最後的四個月，最優秀的黑豬就只會被飼以橡實——bellota在西班牙語裡就是橡實的意思。最頂級的吃橡實長大的伊比利亞黑毛豬，被製成歷經至少三年甚至長達四年熟成期的火腿就是Iberico de Bellota。

所以我們走進這家開宗明義擺明車馬叫做「de Bellotas」的西班牙火腿專門店，店堂吧檯上掛起的一整列肥壯火腿，服務員把火腿放在專業架子上，用刀具仔細專心的切割，然後把一片一片淨肉深紅、大理石脂肪雪白的近乎透明的火腿薄片小心安放盤中侍客——急不及待的我們各自捏起一片入口，細細嚼嚼慢慢回味，先是鹹香再而豐腴，挑逗起的醇美回甘在口中纏繞不散——

還是那個原則，要麼吃最道地最好的，要麼不吃。所以在de Bellotas先吃火腿，配適合自家口味的來自Rioja及Ribera del Duero酒區的西班牙葡萄酒或者Estrella啤酒，然後慢慢再點用料和烹調一樣講究的tapas小吃如蒜香煎魷魚、脆烤土豆塊、香煎明蝦、菠菜蛋餅、Gazpacho冷湯等等經典，主食還可點一盤熱騰噴香又有嚼勁的牛肝菌Paella飯……飽醉之間，身處他鄉故鄉何必計較——

來了來了，精選頂級伊比利亞火腿隆重登場！

置身西班牙鄉村度假小築一般的環境氛圍裡。

Troy Sullivan 蔡思宏
廣告創作總監

週日中午跟Troy及他太太Agnes約好要碰面吃brunch，眾多選擇中鎖定這家友儕間口碑不錯的西班牙小館。來自澳洲的Troy是廣告公司的創作總監，轉戰上海之前在香港亦工作生活過一段長時間，最有資格發表一下對兩城生活異同的觀感。Troy希望上海該以香港發展中犯過的一些錯誤為鑑，調節過急的發展速度，著意新舊融和並存，致力打造一個真正宜居的現代化城市，至於吃的方面，兩城都義無反顧吃到底，早有共識！

另一款至愛選擇牛肝菌燉飯，亮眼火腿依然是出色陪襯。

小小金豬是本店的icon。

136

主廚 David 細心給我們講解
這輕度煙燻的三文魚配上
自家製醬油和鵪鶉蛋會有
滑口感，

而經典 Carpaccio 薄牛肉
都是手切，配上二十四個月
熟成的帕瑪臣乳酪，
軟硬質感美妙平衡。

徐滬生
詩人、
媒體人

滬生是我在許多年前初到上海第一個早上約見的第一個朋友，那時他剛參與創辦《上海壹周》。這位出生於上海的揚州人，一直低調的在最鬧烘烘的媒體裡工作，近年他更執掌調度內容充實好看的《外灘畫報》，深厚功力有目共睹。種種原因跟滬生闊別多年，難得碰上關會友。Bocca 餐桌上他輕描淡寫述說過去十年堅持每天讀書八小時，單是《追憶逝水年華》也前後讀了三遍。我聽了自是慚愧無言，難道坦白招認我過去十年每天從早吃到晚？

岩石炙烤安格斯牛脊，
外焦內嫩五分熟，
配上迷迭香醬汁，
一口清香甘腴。

不試試主廚推薦的
配上黑大蒜、初榨橄欖油
辣椒和煙燻香茄丁的
Mancini 義大利粗麵，
實在有枉此行。

餐後還送上濃香利洌的
Grappa 渣釀白蘭地，高潮迭起。

Bocca e3

A 黃浦區中山東二路 22 號 5 樓
（近新永安路）
T 021-6328-6598　H 1700-2300

外灘 3 號、5 號、6 號、18 號，一直到這建於 1906 年，前身是太古洋行的南外灘 22 號，每一棟歷史建築都在百多年間特別是千禧年後幾經改建重修，招商進駐了一批又一批的奢侈品牌零售商戶和高檔餐飲經營，前仆後繼的，努力要在上海灘頭留下一點奮鬥痕跡。我們作為嘴饞食客，在四季日夜變化的臨江景色和不同裝潢主題與風格的餐廳中，體驗來自全球各地經驗豐富技術優秀的廚師和服務團隊的心血結晶，接觸到上天下海搜集來的不同食材不同配搭不同烹調方法。所以我們是幸運的，是要心存感激更要以行動來尊重回應的——至少我認為這是出外用餐的一種良好心態。

因此我預訂好座位在 Bocca 跟多年老友滬生重聚，準備好好梳理一下闊別多年各自的狀況，卻因為鄰座一群團體聚餐的中年叔叔阿姨們有點過大的聲浪和動作，致令我們兩個男子都必須面對面貼得很近才聽到對方說話的聲音，有點尷尬但也隨即舒懷。大庭廣眾難得肆無忌憚高談闊論，就讓這批老同學？老同事？盡情開心吧！來自義大利 Tuscany 地區的主廚 David Bassan 也笑咪咪的數番來往放大嗓門跟我們詳解每道前菜和主菜的精選食材巧妙心思和烹調技法，我們也樂意接受這是義大利和中國餐館裡共通的起哄熱鬧，食不厭精當然也食不厭吵。

因為開心，我們這也想試那也想吃的看著菜單點呀點呀，來了一桌好菜而且分量不少，怎樣吃也吃不完——最怕浪費的我當然堅持把食物打包，這也該是新一代 fine dining in a casual way「禮儀」的一種。跟主廚 David 微笑道別說聲感謝，你的心機努力將有更多家人朋友分享到。

居高臨下，上海城中夜色有了另一個角度。

HAI by Goga `$22`

A 徐匯區岳陽路 1 號 7 樓
T 021-3461-7893
H 1700-2400（週日休息）

去餐廳吃飯嚐新，尤其是第一次光顧，當然要細看菜牌。

菜牌形式多樣：厚厚一本的、薄薄一紙的、寫好貼在四周牆上的彩紙、寫好掛在牆上的竹板木板，又或壓在桌上玻璃檯面下，最厲害，應該是沒有菜牌的店，主廚高高興興給你吃什麼你就得開開心心吃什麼。

點菜是個學問這點不用說，把一家餐廳不同時期的餐牌好好分析研讀，梳理出主廚和老闆的飲食經營思路，那就是一個飲食文化和市場策略研究學科了。好事八卦的我多年來一直收集吃過未吃過的中外餐廳的餐牌，有明正言順向店家要的，有對不起順手牽羊偷偷留著的，如果兩者都不得逞，也得拿出 iPhone 在暈黃燈光下把餐牌一頁一頁拍下來，日後仔細一邊回看一邊流口水。

本來訂了為食老友們盛讚的GOGA，但訂座客人太多餐廳座位太小，早到了的我就被安排到系出同門，同樣由美國大廚 Brad Turley 策劃主持的 HAI by GOGA，地點在岳陽路 GOGA 餐廳旁邊轉入，經過氛圍奇特的國營教育賓館大堂，電梯直抵七樓柳暗花明。

位處賓館七樓的 HAI 主體是個玻璃房子，外面連著陽台，空間還是有點小，圍坐必須親密，但一看那一紙餐牌上面的菜式就很有期待：Bacon Blue 沙拉有香梨、芹菜、藍乳酪和煙脊肉，椰子脆炸蝦伴的是芒果辣醬，無錫黑豬五花肉配的是味噌楓糖芥末和蒜味蛋黃金槍魚醬，原籍南美的 Ceviche 海鮮雜拌走出越南風，撒滿炸紅蔥頭和腰果碎，招牌簽名作 GOGA Silders 小漢堡分別配的是青芥末蛋黃醬、藍乳酪和紅蔥頭果醬，伴以鵝油炸的薯條……還未點菜我就趕緊用手機把餐牌內容拍下，免得待會吃得興起忘了這個很有參考和紀念價值的私人珍藏。好了，我約的朋友剛到了，混搭得有氣有力有趣的美味在前，我們可以開始討論今晚點什麼菜了——

戴雪飛
公關公司
總經理

週五晚上，Faye 跟我們吃過 HAI by Goga 這一頓混搭創意十足，食材講究，烹調到家且有驚喜的晚飯之後，還約了女朋友們在附近喝酒小聚。畢竟涉足媒體然後轉向品牌公關市場推廣領域的她，在上海這個充滿各種機會的都市，每天都有新靈感新挑戰。就像這裡的主人Brad Turley，來自三藩市，先後在夏威夷、紐約、越南師從名廚工作過，最後選擇留駐上海，協助籌組不同餐廳，眨眼就是八年——就像Faye 一樣，生活圈子裡有多元文化澄共存，肯定眼界開闊見識過人。

無錫黑豬五花肉配上味噌楓糖芥末，口口甘腴甜蜜。

主廚的遊走經歷令菜色創作混搭出多元文化驚喜，Ceviche 海鮮雜拌有越南風。

不要小覷
這會讓室一樣的密封空間，
一場聲光影色香味超級饗宴，
一星期五晚準時登場。

UV 靈魂人物主廚 Paul Pairet
親自為共創意菜式做 final touch

圖片提供：Scott Wright of Limelight Studio.

Truffle Burnt Soup Bread
在荒涼枯木林投影，
白樺木香氣中登場，
鬆軟 creamy 一口，
松露香滿胸臆。

你收到電郵的指示，傍晚六時三十分準時到達外灘 18 號的 Mr & Mrs Bund，即使你多麼喜愛這裡的松露鴨肝醬和柑橘罐蒸大蝦，但你千萬不要嘴饞不能吃。你今天晚上的任務，是要在這裡集合，喝過一杯諾曼地梨子開胃酒，收到一張 A2 大小的薄紙印著一堆看了也不太明白的關鍵詞：Ostie、Apple-Wasabi、Gothic Church、Hell's Bells……然後你和另外九個人同行，坐上一輛專車，越過蘇州河，到了一個你完全陌生的舊社區，進入一家曾經廢棄的倉庫，金屬門打開，經過幽暗走道，進入一個赤裸裸沒有裝飾只有一張大桌十張辦公室座椅的密室，四周包圍你的全是一片紫藍 ultra violet，你知道，你的感官全方位美食之旅馬上開始。

接著下來的四個半小時，你看到的，聞到的，聽到的，觸摸到的，然後吃得到的，賣個關子，都該由你親歷其境體驗究竟。你為人處事有多麼抑多敏感多矜持、多開放多冷靜多興奮，完全在這二十多道菜的進食過程裡表露無遺。這當然不是一頓普通的晚宴，一個星期只有五晚，每晚只有十個客人有機會體驗主廚 Paul Pairet 和他的二十六人團隊為你準備的情感，潛意識和五感探索。用主廚的話來說，這是 psycho taste，吃喝的同時開啟更多味蕾以外的感官想像。

嘴饞為食一眾對法籍主廚 Paul Pairet 當然不陌生，當年抵滬以翡翠 36 一鳴驚人，再是開業紅火至今的 Mr & Mrs Bund，然後他終於把他一個醞釀了十五年的概念，希望用上最前衛最實驗的烹調手法，彰顯他幽默開放的個性，重現十八世紀法國 table d'hôte 廚師主導的形式，同時又讓客人在飽餐的同時有所思想有所得——得知有如此好玩有趣的一個飲食經驗，我當然蠢蠢欲試，更尋根究底的爭取在晚宴之前探班，在實驗室一樣的廚房，電視台製作室一樣的後台和正在測試聲光投影的用餐現場，小心謹慎來回八卦。當我劈頭一句直接問 Paul 做人做事有沒有 limitation，他很肯定的說沒有，no limit by nature。如果有，也就是自己靈感創意能力未及而造成的牽制。他很慶幸有投資方 VOL 餐飲集團的全力支持，有一眾頂級品牌的贊助合作，也能在上海這個最有接受能力最多發展空間和機會的城市啟動了 UV 這個項目——談得興起，Paul 告訴我他平日最愛吃的是簡單不過的雞蛋和豬肉，吃喝本該就是放鬆憑直覺的一回事。我就再一次的確定面前這場聲光影色香味是義無反顧的愛食物愛自己的饗宴。

第二章之十

料理精神

上海對日本，日本對上海，著實有說不清講不盡的複雜情結。

大的避不開要直面歷史，解或不解政治和經濟上的糾結關係；小的談到文化時尚，飲食生活，也真的息息相關互為牽引。

思路混亂之下，很想八卦一下曾經留學日本的魯迅先生當年選擇到上海躲進「且介亭」（租界二字各取一半），在虹口區的家居附近有否偷偷光顧應該開有不少的日本料理店？最懷念最喜歡吃的又是什麼？先生詩中「且持卮酒吃河豚」的河豚是否以日式涮涮鍋吃法？翻開我一直珍藏的由日本奇才作家海野弘先生在 1985 年編寫出版的有大量當年盛極的上海漫畫穿插其中的《上海摩登》一書，書中＜吃的世相＞一文就一口氣整理出上海俗語中種種的吃/喫：喫看、喫鹽、喫醋、喫血、喫虧、喫糖片、喫獨食、喫掛麵、喫豆腐、喫洋飯、喫火柴、喫墨水、喫衛生丸、喫白相飯、喫戀愛飯、喫快活飯⋯⋯而回到自家幾年前到上海聞風專程拜訪的十分喜歡的「小小咖啡館」，就是由一位曾經在「無印良品」工作，來到上海一見鍾情一住至今，安靜害羞的日本女子代島法子小姐開設的。現今她雖然把咖啡館關了，但還是一直在設計自家的陶瓷和家具與朋友分享，以極簡的方法在上海的喧鬧以外好好生活著。

想多了說遠了，但在這種滬日情結底下，我們在上海「消費」日本料理自當別有一番滋味。吃是口腹層面的也是精神層面的，更不必多說日本料理那一直為大家稱道的對食材的尊重，對烹調技術的專注，對管理和服務細節的重視——從和風的「和」到調和的「和」，實在可堪玩味。

Sushi Oyama 鮨大山 s5

A 徐匯區東湖路 20 號
　邸雅居 2 樓（近淮海路口）
T 021-5404-7705
H 1830-2230（週日休息）

來 Oyama 鮨大山晚宴，你得保證自
己在一個最好的狀態！

因為你不僅是來滿足口腹之慾，你是
在參與一場求真至善耽美的演出。全
場目光焦點不僅在主廚大山健男先生
身上，不僅在那些產地直送的新鮮矜
貴海產食材上，同時也落在盡興盡情
舉杯共飯持箸細味的食客你我身上。
一期一會，一頓飯也是一台戲，真不
能粗率失場！

單看帥哥主廚大山師傅一邊細緻純
熟的切割握捏，然後在你座前的桌
面，把那鮮美甘腴的生魚片置於鬆散
與緊實之間的壽司飯團上，一邊又談
笑風生的跟你說起怎麼從家鄉廣島到
岡山拜師，到東京銀座七丁目修煉，
再到香港到澳洲到美國打拚累積，然
後終於落戶上海打出名堂自成一家
——你已經可以一口美味又一聲驚嘆
的耳聞目睹一個花美男版的奮鬥成功
真人秀。所以你我又怎能只扮演冷淡
觀眾而不全情投入，掀起比這金槍魚
魚腹，野生鰤魚，富山蝦和小鰭魚種
種生鮮彈甜唸唸入口更要 high 的互
動高潮呢？再升級的當然是在一口唸
噬混有井蟹肉、海膽和三文魚籽的奢
華飯食之後，自斟亦回敬大山師傅一
杯清冽的極上大吟釀，極樂之樂莫如
此。

難怪能夠跨越世紀的幾個關鍵詞就是
投入、互動、分享、創造附加值。一
群人、一頓飯，一個社會一個世界，
遇強愈強，皆如是。

千錘百煉，
才有如此俐落靈巧的手勢。

花美男華麗秀，晚晚精彩上演。

產地直送的海產食材至為講究，堅持用網捕的魚獲，
比鈞釣的同類肉質口感更細緻鮮甜！

散蔥魚腹手卷，肥美清鮮，
我的至愛！

再忙，
也還是淡定應對。

室內室外裝潢格局都是
低調一路。

季節、旬物，
可遇不可求。

唐彥
漫畫家
、教師

身邊好友談起他在
日本留學的點滴。

唐彥很忙，忙著備課、忙著教學、忙著創作漫畫專欄「少年風物志」，忙著編輯 SC 漫畫團隊的單行本和策劃一眾漫畫同好的海內外交流和展覽活動，大抵沒有時間自家燒菜做飯了。上一回進廚房可會是在日本留學時的兼職打工？大叔小叔兩代漫畫人共飯又興致勃勃的談起了未來合作計畫，那豈不是更更更忙？!

石見 n19

A 靜安區北京西路 991 號（近江寧路）
T 02-6217-9872
H 1130-1400 / 1730-2230

其實我很清楚明白如何才能好好坐下來吃一頓飯——先有好心情，進門有禮貌，前後講規矩，席間少說話，吃喝不慌不忙，分量不多不少……可是我偏偏就是破壞王，因為工作經常影響甚至破壞興趣，雖然大家都覺得我一路吃得很爽。

從地鐵出來走了好一段路才看到「石見」的素淨外牆小小店招，推門內進也是優雅淡定，無奢華裝飾的簡單佈置，很得我喜歡所以心情其實很好。但同行助手一拿出照相機，服務員就禮貌示意不可拍攝，直問我們是否來自 XX 點評——我只覺十分尷尬，但工作需要，又得繼續周旋協調。終於老闆兼總廚和顏悅色的放行，倒是我自知舉起相機前後左右更換角度用心拍完這一道又一道端上來的好菜之後，其實菜都開始涼了，沒能吃到最好的溫度，更何況一邊吃一邊要跟忙碌著的總廚閒聊經營理念烹調心得未來發展——要能在一頓飯內完成這所有任務又不分心影響進食過程舌尖美味，實在是恆常挑戰。

老闆像看出我的糾結，更淡定的一道一道上菜：先來鮮甜肥美生魚片小拼，再上軟滑入味的味噌煮牛舌，天婦羅野菜拼盤和燒魚都是水準以上，特別推薦的汁燒竹筍也爽脆恰好，至於同桌一眾分別點的松花堂便當，金槍魚蓋飯和鰻魚蓋飯，一一都吃得十分滋味，之前的慌忙浮躁慢慢平復下來。老闆也利用空檔時間，娓娓道來他從二十歲投身廚房，到日本取經兩年後回來先到北京再回上海創業的經過。做出準確到位的日本菜並沒有難度，倒是如何培養訓練和管理新人就得費心勞神。所謂素質，其實是世界觀的問題——老闆一下子把對話提到這個高度，叫我又緊張起來了。

酒吞 w22

A 閔行區金匯路先鋒街85號（近吳中路）
T 021-3431-7779
H 1100-1400 / 1700-2200

人真是奇怪，有些時候要吃少吃精緻吃幽微細節，有些時候要吃飽吃豪邁吃吵鬧大環境；午餐時斤斤計較不願多花一毛錢，晚餐又一擲千金一聲不哼；一會兒嚴格講究純粹正宗道地，一會兒又鼓勵混搭碰撞搞搞新意思；更不要說口味今天濃重明天清淡，這幾個月吃素下幾個月無肉不歡。這就是人這就是你我，難得的是不隱瞞，明知自己資源有限水準一般也要努力爭取一路吃喝，見自己見天地見眾生。

說了這麼一堆話，其實一點也不糾結，即使我走進酒吞看見女服務員們都穿著好像練劍道的制服，不會懷疑怕被她們當頭斬。看見三文魚背刺身上來簡直厚切大大塊，也不會怪廚師不按日本傳統規矩不照顧客人口感，因為這正是十分有台灣性格的日料經營，不便宜但超滿足——這在一盤五隻超肥美超大隻牡丹蝦出場之際更能深刻體驗。還有同樣壯觀的鰤魚背，眼前就好像只有大魚大肉四個大字。

因此更一發不可收拾的再點華麗如春的海鮮迷你蓋飯，一碗堆得滿滿的各式各色生魚片鋪在薄薄米飯上，簡直蓋也蓋不住。牡丹蝦頭一轉身回來三隻炸得金黃酥脆兩隻做成鮮美味噌湯，再試試燒年糕又黏又韌無法放手——人真是奇怪，這麼容易就開心滿足，而且吃飽飯馬上想睡個午覺了。

花的都是自己荷包的錢，不吝嗇，眼見盤盤都是肥美飽滿，就開心。

王明珠
製片人

蝦身肥大蝦頭結實蝦膏飽滿，一字排開好壯觀。

家裡沒有姐姐，就把 Alice 當成我姐，雖然她的年齡實際上比我還小。作為廣告製片人，全球城市街巷荒山野嶺走透透，什麼不可能安排不可能做到的都被她妥貼搞定。至於每回在日本餐廳吃飯點菜，我完全輕鬆放手讓姐料理。一是她的標準日語，二是她兼顧好吃又好看，拍出來每一張照片都有這製片人的功勞。

一蝦三吃不停口。

位處幽靜街區的 Haiku，室內裝潢簡約素靜，與活潑反叛的手卷巧妙呼應。

Haiku　隱泉之語 s20

A 徐匯區桃江路28號-乙（近衡山路）
T 021-6445-0021
H 1130-1400 / 1730-2200
（週一至週四、週日）
　1130-1400 / 1730-2245（週五、六）

火警卷、犇卷、黑寡婦卷、龍卷、佳麗卷、G卷、Q卷、瓢蟲卷、蜘蛛卷、摩托羅拉卷、忍者卷、厚臉皮卷、愛情不怕辣卷……

接著下來是你卷還是我卷？其實這正是創意十足的餐廳東主艾倫最期待顧客積極投入參與的一趟互動。在美國加州長大的這位美籍華人，對上世紀七十年代洛杉磯 Tokyo Kaikan 餐廳由日裔廚師 Ichiro Mashita 始創的反卷式壽司，後來正名為 Kashuu Maki 加州卷的這種美日式食物當然有深厚感情。傳統加州卷把蟹肉、青瓜、飛魚籽等等本來被紫菜包在飯卷以內的食材反露在外，亦大膽加進了美國以致中美南美都喜愛的酪梨作為標誌食材，澆上各種程度和口味的辣椒醬，一推出就迅速受到群眾接受熱捧。

辛辣醬汁是亮相手法亦是點題滋味。

高明
公關副總裁

作為一個道道地地的上海人，一個資深吃貨，一個公關界大哥，高明跟我一邊喊辣一邊把茉青蟲卷紅色炸彈卷消滅掉，一邊談上海街頭黑暗料理靠譜與否，國營食肆老字號服務員大媽們不冷不熱的態度，滬上大小餐廳興衰起落以及一個創意品牌如何在市場上不斷增值不斷保持競爭力。然後臨走時他送我北京同仁堂的大山楂丸一盒十粒，開胃消滯，一如我們在社會中自覺扮演的角色。

午間輕食來點冰凍日本清酒最舒服愜意。

艾倫早年來到中國拓展餐飲事業，就是以引進這當年還未在中國普及的加州卷打響名堂贏得掌聲。壽司反卷中食材的實驗性搭配，看似隨意戲謔但又計算精準的取名，加上餐廳的裝潢設計氛圍營造，服務員和廚師的細緻專注用心，一一都是顧客滿意回頭再來的原因。老友在旁，天南地北暢談，大膽放肆開吃，看看今天誰卷誰？

魚藏 e23

A 黃浦區復興中路507弄
思南公館（近思南路）
T 021-64180422
H 1730-2300

為食上海來到最後階段，身邊老師同伴都各有任務相繼回港，整整六週大家努力尋味，精彩的深刻的感動的好味都一一銘記。這一餐，來到上海日本料理界定位高端的魚藏，賞味能量又再次推上高峰。

從友儕口中得知，魚藏最初開業於上海西郊虹橋區的虹梅路上，周邊都住滿日本僑民，滿佈大大小小各式日本料理店。難得的是魚藏堅持新鮮至上，每天從日本空運急凍上乘食材到滬，得到一眾熱愛日料的食客支持，慢慢擴展版圖至今連開三家分店。

美食當前並非一人能夠獨享，急忙找來友人阿花前往思南路店一起用餐。甫登店內，視野立即左右二分，偌大店面分區明確，右邊順著一排小包廂，以麻石及鐵銹圖騰屏障建構出開放通透但不失私密的用餐空間，左邊則以開放曲尺吧台用餐區為主，讓客人近距離親睹料理師傅一展手藝。

點了的菜陸續上桌：首先來的六品刺身拼盤，內有海膽三文Toro鰤魚丹蝦赤貝，都是來自長崎、挪威和加拿大的海洋鮮味。跟著內藏銀杏及香菇的鱈蟹燉玉子，水潤嫩滑小心燙口，還有主打的招牌鰻魚飯，鰻魚油香滿滿滲透粒粒香糯米飯，伴著肥美烤香了的鰻魚一併入口不得了！就這三道美味已經叫我心滿意足，接著還點了香口蔥味炸物及味噌烤雞，把餘下quota統統占據。

飽滿富足明日打道回府只怕家裡的伴認不出我來。（文：陳迪新）

極有賣相的六品刺身上場，跟你來個注目禮。

飽吸鰻魚醬油的米飯，分量也比想像中更多。

呼—呼—燙嘴呀！

燒烤舞台前上下排開的是
生鮮蔬菜和海產魚獲，
現點現烤氣氛和氣溫都高。

宏亮吆喝中
遞到你面前的美味怎能抗拒！

生的還在吃
熟的又陸續登場了。

龍之介 w21

A 徐匯區虹梅路 2988 號（近吳中路）
T 021-6401-2880
H 1700-2300

記得當年真的上了兩年法語課，學了半年義大利文，還有那斷斷續續的日語課，我的目的都很直接簡單，就是為了在當地餐廳裡能看懂餐牌點到自己要吃要喝的，能和服務員和廚師聊上幾句，也能在菜市場中與菜農魚販以及賣手工乳酪的賣自家採蜂蜜的賣烤雞的燉牛肚的店主直接對話，這不僅是客觀需要也是基本禮貌。

所以當我走進日本料理店被店員們齊聲招呼，在爐端燒店內有如舞台的燒烤攤前被廚師長以長柄木鏟把熱騰騰的烤物遞送到安坐爐端的我們跟前，並大聲吆喝烤玉米上來了了烤雞翅上來了的時候，我直覺只懂點頭微笑是很勉強甚至尷尬的。

所以怎麼也得爭取與日語了得的老友同來吃喝，即使店裡菜牌中英日文兼備，但總覺得用日語叫出想吃的這種那種食物的名字和作法，廚師長會做出更道地更正點的菜。所以這天晚上開口點菜的任務全交給 Alice 和旻俏了，從酪梨沙拉、海鮮泡菜納豆、赤貝和竹筴魚刺身，到烤玉米烤洋蔥烤茭白烤小青椒，以致炭烤明太子、烤味噌芝士、帶骨小香腸、烤秋刀魚、烤雞翅、烤飯糰和梅乾泡飯，我只需要點頭傻笑，開心吃喝，做一個最稱職的飯人——其實如今就連爐端燒發源地北海道釧路地區的老店，東京六本木的爐端燒名店「田舍家」，也都放下身段急急備有中文餐牌了，在可見未來我學懂日語的機會幾乎等於零。

和萌牛腸燒烤店（ホルモン酒場）w13

A 長寧區儿霞路 686 號（近安龍路）
T 021-6208-8028
H 1700-0300

累到不行了，把堆疊的文件留在案頭，把手機關掉之前約好他和她和他在鬧烘烘熱氣騰騰火光熊熊的這家店裡等吧！

來過一次，再來一次，冒著上火的險又再來一次，並不糊塗但難得放肆──在這個總是有幾桌日本大叔在互斟對飲，有幾桌年輕男女一邊吃喝一邊喧嘩嬉戲，還有小帥哥小美女服務員在禮貌殷勤斟酒遞菜的ホルモン酒場，還這麼討好的改了一個中文店名叫和萌──越萌就越重口味！獨家由大連提供的黑毛和牛肉是正點，牛舌、牛小腸、橫膈膜、牛肝一路重口下去，可以自家耐心邊烤邊喝邊吃，也可以麻煩服務員代勞。不同部位的牛肉不同內臟各有燒烤時間各有肥瘦甘腴各有軟韌嚼勁，一輪又一輪之後主角牛腸鍋隆重登場：分量充足的牛腸牛雜在蔬菜濃湯中浮沉，香濃撲面，胃口好的還得點一客蔥油飯，呷一口湯撥一口飯，飽暖和味實在再無所求。是的，飲飽食醉之後，很久沒有出來露面的青春痘終於現身了。

豁出去，牛小腸又肥又脆，牛肝滑嫩，橫腸膜炆韌奇妙。

炭火現烤，火苗搶出滋滋油香。

論分量論口味總覺這是一鍋超級和魂羅宋湯！

純熟的手勢，把上好的
食材烤得鮮嫩甜美，
剛剛好。

Kim
設計師

早就留意這位在男鞋設計有
很屬害表現的男孩，終於在
一次媒體聚會中碰面，還有
幸把一個創作榮譽項獎頒到
他手中。能夠看到中國設計
新一代在種種艱難現實中靈
活主動的磨練出夠強夠硬的
身段，我們這些大叔得重
頭趕上了——老師，來喝一
杯，Kim 把清酒遞過來——
當然奉陪，我開心不已回答
說。

小小一串又一串，
都是創意的精心配置。

吃吧喝吧，一期一會
不只一串——

Kota's Kitchen （s37）

A 徐匯區斜土路 2905 號（近零陵路）
T 021-6481-2005
H 1800-0100

夜了，剛跟上司糾纏完正要下班的，
剛上完日語課的，剛在健身房舉完重
跑完步的，剛看完電影的，甚至跟客
戶已經吃完晚飯但其實只顧說話並沒
有吃到什麼的，都來吧都來吧！夜正
年輕，吃喝可以再開始。

在 Kota's Kitchen 的分店認識了負責
人王帥軍，他說老客人都愛到斜土路
本店那邊聚舊。我恃老賣老，就把一
群長駐上海的路過上海的新朋舊友都
約去湊興了。有什麼比在對的時候跟
對的人吃對喝對更高興？更不要說一
進門就有永遠的偶像 The Beatles 在
守護著一室永不長大（至少永遠年
輕）的孩子！

日式居酒屋燒烤店，從形式到內容既
有強烈日本本土特式，亦越來越國際
化，考證了我一向堅持的越在地就越
全球的說法。烤杏鮑菇 PK 烤酪梨，
山藥泥拌蘑菇旁邊是烤金必文芝士配
陳醋，烤雞塊與炸豆腐結合，烤牛舌
烤京蔥難塊烤豬頸肉蘸什麼醬料就變
出什麼風味。環顧四周，五湖四海為
了吃喝為了分享都走到一起來了。有
多少邂逅有多少發展有多少昇華，就
在這暈黃燈光下香氣縈繞中進行；有
多少古靈精怪的創意，就在這杯盤相
疊酒杯互碰中醞釀誕生——

漫漫長夜，再來一串又一串，一轉又
一轉。

深宵發帖

第二章之十一

晚飯飽餐過後，轉移陣地甜品吃過了，電影散場了，K完歌了，本該各自回酒店回家了，但身邊一眾還是情深如許難捨難分。在一次又一次的擁抱吻別，揮手拜拜，終於有人打車有人走路各散西東之後，一通緊急電話還是會把已在路上的大家呼召回來，我們再去吃─宵─夜！

人生在世本就有太多掙扎糾纏，苦苦壓抑限制自己不能不能不能吃宵夜實在是件很不人道的事。理智與情感看來平衡得不錯的我其實不感冒政治對錯，只在意喜歡不喜歡，好吃不好吃──更何況又不是夜夜通宵吃到天亮。

夜上海的宵夜吃喝選擇其實不少，從喝點小酒配些下酒小吃的靜態行為，一直吃到渾身解數的比正餐還要誇張厲害的高端火鍋店、港式茶餐廳、潮汕海鮮店、大排檔、砂鍋粥店，還有歸類做黑暗料理的，把早點當宵夜吃的豆漿油條大餅粢飯、大小餛飩、澆頭麵、燒烤炸物……

再再飽餐之後在午夜街頭半醉半醒踟躕前行，有一件事剛才太得意吃到忘形忘了做必須趕緊動作：深宵發帖，報復社會！

The Long Bar n16

A 黃浦區廣東路中山東一路上海外灘
  華爾道夫酒店會所大堂樓層
T 021-6322-9988
H 1600-0100 （週一至週六）/
  1400-0100 （週日）

我想我是喝多了。

時為 1910 年 3 月，幾經轉折我約好
英國大班威廉史密夫，建築師塔藍特
毛利斯和室內設計師下田菊太郎，在
上海黃浦灘三號 Shanghai Club 這剛
新建落成的英國古典主義風格的建築
物大堂的酒吧見面。之前這裡磚木結
構的舊樓也叫 Shanghai Club，1864
年就開張了。在上海居住六個月以上
的外國人付了年費才可加入，在這裡
用餐、會客、借書、集會、喝酒。會
員大多是英國人，中國人管這裡叫做
「英國總會」。

踏進新世紀，俱樂部會員再次募捐，
拆了舊樓建起外灘第一棟以鋼筋混凝
土結構石材外貌的大樓。樓外大門頂
伸出八米的鐵格玻璃蓬很有氣派，那
天正遇上下雨，進門後沿著扶梯廻旋
而上卻腳下一滑，幸好僕歐趨前趕緊
一扶才沒有跌倒。坐在大家直稱 The
Long Bar 的酒吧裡，約了的三位客
人還未到達，暈黃燈光下那 34 米長
的紅木吧檯更顯厲害突出。後來我才
知道這曾經是遠東地區最長的一張吧
檯，到上海遊玩的外國人都會冒名來
見識一下，才算到過上海。

奇怪！這本來只讓會員及遊客進入的
酒吧，為什麼忽地擠滿了身穿水手服
和船長服的不同國籍的海員？——時
為上世紀五十年代，這個酒吧間已經
變身國際海員俱樂部。

然後風起雲湧，這幢建築物的外牆掛
上了東風飯店的招牌，再轉頭那見證
了上海灘興衰歷史的長吧檯竟被解體
拆毀！四周滿是上海公公婆婆拖著孫
兒到來湊熱鬧嚐鮮吃炸雞——上海第
一家肯德基連鎖快餐就開在這歷史地
標！

自從華爾道夫酒店進駐這歷史建築，
按當年設計原圖重現這經典酒吧樓，
每個細節元素和木護牆都修復如舊，
一切為了忘卻的紀念。

禁酒令年代，
老華爾道夫酒店的
一位酒保在古巴「發明」了
用茶杯載雞尾酒，
暱稱 Waldorf Queen。

必嚐這紐約華爾道夫酒店的
經典美味 Waldorf Salad，
以蟹肉、芹菜和蘋果拌配，
撒上核桃仁和葡萄乾點綴。

我點的 Waldorf Cup 香檳雞尾酒上來了，這混有 Marasquino
櫻桃利口酒、Benedictine 甜酒、干邑香檳和檸檬皮的雞尾酒
是 1891 年紐約華爾道夫酒店的調酒師的一個傑作，喝著喝
著那 34 米長的紅木酒吧檯又在我眼前完整無缺的再現了。
身邊的一對中年男女在 Louis Armstrong 的渾厚樂觀歌聲下
深情一吻，我想，我還可以再來一杯……

因為不懂，更要跟著資深酒鬼來喝威士忌；向店中的專業酒師請教，關於大麥和水質，關於蒸餾器的秘密和木桶對酒體的影響……

Al's Single Malt s30

A 徐匯區永嘉路 557 路（近烏魯木齊南路）
T 021-5466-5708
H 晚上至深夜

不懂就是不懂，不要也不能裝懂——對於我這個威士忌門外漢來說，平日看著身邊伴和老朋友在家裡深宵餐桌旁，搖著酒杯喝著這琥珀色的有著一股嗆鼻的消毒藥水氣味，喝來像煙燻火腿，是甜亦苦再回甘的威士忌之際，我只能吃著酒瓶旁那一碟乾果。但這回在上海，受倩在飽餐酒後興致勃勃的怎麼也要去喝一杯單一麥芽，我只好捨命陪君子。

小小的吧檯前我面對高高酒架上二百多種按產區分為斯貝塞、高地、低地、艾雷島、日本、美國等等來源和口味的威士忌，眼花撩亂更顯老累——對了，略帶滄桑的大叔被分配到一小杯據說很難得的額外熟成的極品，幽微當中小口呷出一種難以言喻的滋味和格調——一如村上春樹所言：總是夢想著在僅有的幸福瞬間活著，夢想著我們的語言是威士忌——

Le Bistro du Dr. Wine s3

A 靜安區富民路 177 號（近巨鹿路）
T 021-5403-5717
H 1930- 深夜

如果你不介意握著你的目標對象的小手／大手正要向她／他說出那私下演練了幾十次的一番話之際，身邊耳畔其實不用豎起耳朵也能同時聽到同桌另外兩對情侶三組同事五個應該是舊同學的在悄悄話在轟轟笑在鬧翻天。

所謂人是社會動物，在 Dr. Wine 這裡得到了最好的詮釋，而且這些動物都喝酒，從一、二百塊的法國超市葡萄酒喝到據說價值四萬五千元的 82 年拉菲，都能在這裡一一喝得盡興。

新朋舊友碰面，喝酒聊天是目的也是意義，夜正年輕，反正老了也會喝下去。

刻意打造一個倉庫一樣的 rustic 環境氣氛，一眾客人越放鬆越喝越 high。

Salon de Salon w11

A 長寧區華山路 1220 弄 6 號紳公館大堂
T 021-5256-9977
H 1500- 深夜

我慶幸我還年輕，仍會被一句坦率真
誠的話語深深打動——在我面前吧檯
後的 Jackie 對我說，自他出道當調酒
師以來，調出的每一杯雞尾酒都未曾
重複！他要讓客人在每天不同的心情
中喝到不一樣的味覺感受。他在酒吧
間跟客人輕鬆聊天，觀察感受對方的
心情狀態，然後讓客人在上百個酒杯
中挑出自己喜歡的一個，Jackie 就開
始嚴肅認真同時生猛活潑的在你面前
選料，配調，搖混，裝杯——一氣呵
成的他調出的我喝下去的並非什麼獨
特秘方，卻是有交流溝通的靈魂，是
當下此刻激活飛揚的生命力。

Boxing Cat e20

A 黃浦區復興中路 519 號思南公館
　 26A 棟（近思南路）
T 021-6426-0360
H 1700-0200（週一至週四）/
　 1500-0200 （週五）/
　 1000-0200 （週六週日）

我的酒量其實不算好，喝上兩大杯啤
酒也會晃呀晃的想睡覺，但我倒是總
有機會跟這裡那裡這位那位新朋舊友
在各地的啤酒屋裡碰面聊天，喝到各
有性格各有口味的啤酒：黑的白的、
甘的苦的、濃的淡的、冰得咧牙的暖
得溫吞的、最愛各種水果香味的，還
有最近喝到的不含酒精的⋯⋯啤酒中
的顯赫名牌固然有保證，但獨立小店
自釀的啤酒往往更有創意更吸引。來
到上海跟老友見面八卦喝啤酒，思南
公館上的 Boxing Cat 裝潢和菜單有
著美國墨西哥邊境 Route 10 沿線那
些酒館的感覺，釀酒師 Gary Heyne
在店內自釀啤酒，好奇的你可以點
一套四小杯先嚐各種口味——我偏愛
TKO India Pale Ale 這種當年供英國
船員往印度航海途中飲用的黃銅色
澤啤酒，酒精含量偏高，苦澀味厚
重，正合我意！

在有如貴族大宅客廳的華麗典雅
氛圍中，Salon de Salon 是一個以
酒待客交心的私密好地方

頭頂亞太調酒冠軍光環，Jackie 一貫的熱情好客，
專注同時細膩，最擅長把自家釀酶的水果酒和
糖漿以及時令水果運用到雞尾酒創作中。

李照興
作家、
媒體人

跟 Bono 一邊「隊啤」一邊
開玩笑說，他是香港特別行
政區駐京上廣非官首席另類
人大代表，所屬功能組別應
該是文化藝術娛樂生活飲食
界。香港同胞新一代對內地
的認知要夠深入細緻，都必
得熟讀他的《潮爆中國》和
《燃後中國》，既論政經又
談風月，武林遠逝江湖在
此。如果啤酒是虛虛的，那
迷你牛肉漢堡和芝士薯條倒
是實實在在的。

鑽進小挑成⋯⋯⋯有自釀啤酒有自製麵包
和香腸甚至酸奶⋯八卦到天亮

火鍋最講究的當然是食材，
頂級黑毛和牛無論薄片切粒，
都是為了大家的口感享受。

黑白雙色為基調的室內裝潢
食器餐具都泛閃銀光，
優雅的宵夜環境絕對匹配
上海這一個不夜城。

小小一碗湯鮮料足的泡飯
為深宵再添飽暖幸福。

吳毅文
島主 CEO

流行有說每一次偶遇都是久
別重逢，而在上海跟「失
散」多年的香港老朋友
Raymond 吳大哥久別重逢
而且就約在洋房裡吃火鍋，
就真的是兩個為食中年前緣
再續了。同飲飲食食一直有
緣分的 Raymond 轉戰內地，
在品牌策略營銷界則已是領
軍人物，對各類產品如何在
市場上準確定位最有眼光心
得。笑求大哥給我指點定位
──吃，吃到底！他義無反
顧的說。

洋房火鍋 ⒮23

A 徐匯區岳陽路 1 號（近汾陽路）
T 021-3368-0677
H 1000-2400

如果你對宵夜的認識還僅限於街邊
大排檔、燒烤炸串、麻辣火鍋和茶
餐廳，那你的覓食之夜實在算不上完
整。宵夜不一定非要在黑夜的月色中
黑燈瞎火的巷子裡摸黑吞食，它也可
以是很舒適很愜意很享受的高級港式
火鍋。

認識這家店還真得多虧老友文林，我
們都是南麓浙里餐廳的忠實粉絲，對
於老闆孫惟精挑細選講究食材的脾性
自然熟知。這家開在獨棟小洋房中的
港式火鍋店，當然也以孫惟一貫對食
材的考究而大受讚許。金華豬骨熬的
湯底香濃鮮甜，油脂雪花分明的極品
澳洲黑毛和牛，粉嫩肌理紋路的黑豚
肉，肉質細膩蟹味濃郁的北海道毛
蟹，新鮮黃門鱔打成魚漿再拍皮製作
而成的魚皮餃子，彈牙的蝦丸墨魚丸
和鮮美的鯪魚球，甚至蔬菜都是各個
水靈靈的模樣，吃來當然爽脆清甜。

這樣一大鍋的打邊爐吃起來才夠盡興
夠回味，那種一人一鍋的小火鍋實在
大大阻隔了食友們之間互相涮肉或偷
偷撩菜的小樂趣。一輪輪的撈涮後，
味蕾和心情當然都得到雙重的大滿
足。

嗯！宵夜就一定是大刀闊斧的揮汗淋
漓？在洋房裡吃一頓重質重材的港式
火鍋，也是清新優雅的另一種宵夜演
繹。 　　　　　　　　　（文：踏踏）

老紹興豆漿店 e24

A 黃浦區肇周路 309 號（建國新路口）
H 2300 至早上 7-8 時

你可以說這裡的豆漿其實不怎麼樣，淡漿一般，甜漿太甜，鹹漿一混很快就結成豆腐腦。

你也可以說這裡的油條雖然夠脆但油有點多，粢飯糕也沒有特別的酥香，粢飯糰得過了午夜才有，等不到這麼晚。

你更可以說這裡這麼紅火只是電視台報導和微博轉發的效應，光環太大。老奶奶這麼老了還得捱更抵夜，兒孫該早點讓老人家退下來，頤養天年。

反正沒有來排過隊沒有吃過的也插上嘴，但我卻一次又一次的在深宵不同時段來過，在這裡見證到大白天在上海任何一個地方都感受不到的經驗。原來這個城市可以用這樣的速度運行，原來上海人可以這樣的有耐性有禮貌。

排隊，隨時在你前面有二十個人後面有三十個人，但你在寒風凜冽中或者悶熱炎夏裡都一聲不吭的排著隊，頂多跟友伴竊竊私語究竟老奶奶歲數有多大？換了在其他地方都早已嫌慢散隊或者吵起來了。而在慢條斯理自成一運轉速度的老奶奶面前，你竟然以最溫柔最緩慢的語調說出你想吃啥買啥，還一塊錢兩塊錢的跟心裡有數的老奶奶點算好找贖。碰上不諳上海話的外來顧客，你還幫忙解說翻譯──這是因為什麼？是因為大家都珍惜這碩果僅存的市井風景民間滋味？怕有朝一日找不著來時路亦苦無去處？在幽暗中在不太穩當的桌椅旁坐下吃著鹹漿咬著粢飯糕，我忽然想，如果有天換了一個十來二十歲的普通姑娘在賣豆漿，又或者原址已經變成商廈豆漿店也竟然變成小舖還在經營，而你還在安靜排隊等吃你喜愛的傳統小吃，那才沒有辜負老奶奶也沒有虧待自己。

老奶奶有條不紊的以自己的速度運行，細聽每一個排隊顧客的要求，不慌不忙地掀蓋舀出一勺漿然，做好每一碗鹹漿甜漿淡漿，打包、收錢，以抹布抹好灶台，再重複繼續動作。

顧青
媒體人

顧青早就聽說過肇周路這家老店，但也一直未有機會來過。這個晚上她先行小睡一回，半夜跑過來跟我湊熱鬧。她也跟大夥一樣乖乖排隊買豆漿，著我先去另一邊買剛出鍋的油條和粢飯糕。問她吃喝味道如何，她笑而不語，只覺這個土生土長的上海女子眼神裡有一閃淡淡的感傷。

油條將近午夜才落油鍋現炸。

並非是喝過的最好的豆漿，但卻的確別有一番滋味。

一煲又一煲煮好的餛飩
分成口味配菜不一的
一碗又一碗吃吧吃吧到天亮。

樸實無華的家常口味和
水準，這個時段這種氛圍
為其增添附加值。

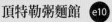

耳光餛飩 e21

A 黃浦區肇周路 209-213 號（近合肥路）
H 1800-0330

同在肇周路上，與老紹興豆漿店和長
腳湯麵齊名的有這家耳光餛飩。本來
就是一家水準還可以的餛飩店，改了
這個上海人形容東西好吃得「打耳
光，還是不肯放」的名字之後果然名
聲更響。不要計較店舖裝潢（客人大
多也是坐在馬路邊散放的桌椅旁），
衛生情況和服務也一般，但在三更半
夜能夠吃到一碗湯裡放了豬油和香辣
粉，熱騰騰、個大大、餡滿滿的薺
菜餛飩真沒多餘話說。胃口好的可加
點一塊炸豬排或者燜肉或者辣肉，夏
天裡也可叫一份拌上花生調醬的冷餛
飩。吃之前拍一張照發帖出去，饞死
剛爬上床準備睡覺的一眾吃貨。

夜了，餓了，
起碼得有像樣的
街坊麵館可以解饞
可以信賴依靠。

董妍
設計師

一個貴州姑娘在上海，生活
和工作了好些年。忽然有一
天，董妍說，從來未「學」
過的上海話好像全都聽得懂
了。進入一個城市，真正的
認識了解這個地域文化，接
得上地氣，恐怕就是靠無數
個早上無數碗鹹豆漿，無數
份蛋餅燒餅，無數根油條。
深宵夜裡加班後回家路上無
數碗餛飩，無數碗有各種澆
頭的麵。

頂特勒粥麵館 e10

A 黃浦區淮海中路 494 弄 22 號（近雁蕩路）
T 021-5107-9177
H 24 小時營業

真不好意思要劉歡、金川和董妍三
位年輕人騎自行車老遠到彭浦聞喜
路那邊見識這整晚都有人在排隊等吃
的炸物店，一堆從油鍋裡撈出來的實
在不知所謂肯定有害健康。所以我們
又回到淮海路上弄堂裡通宵營業的頂
特勒粥麵館，吃碗綿滑正氣的香菇干
貝粥，點碗湯鮮肉嫩的黃魚麵，還有
雪菜麵加燜肉什麼的。這個鐘點在小
小的竟有負一層、一層和二層的迷宮
一樣的店裡不光有吃的，進來的一波
又一波顧客都是風景都是角色：視覺
系紙片男，超熟剩女，癲纏情侶（父
女？），外地參觀學習團（是整團
人！）都連番登場。我們一邊吃一邊
看，賺到很多。

勝記龍鳳村 w24

A 普陀區蘭溪路北石路 158 號
T 021-6264-7293
H 1600-0400

全國各省各族人民都愛吃，廣東同胞當然有過之而無不及。有說嶺南鄉里們什麼都吃，河裡海裡游的，天上飛的除了飛機，地上有四條腿的除了檯凳，都敢吃都能吃都愛吃。當然那沒有腳的蛇，有毒無毒的，都是廣東老饕們鍾情的滋潤強身之物，著名的菊花五蛇羹更是蛇宴中的主角。

人在上海午後在鄭松茂老爺的賢館跟沈濤老師喝咖啡聊天，言談間大夥已經在盤算今晚該到哪裡宵夜去——老爺眨眨眼然後一笑，好，我們就去勝記吃蛇吃清遠雞吧！

清遠是我外婆老家，清遠麻雞更是最接近野生原雞的國宴雞，到過清遠吃過全雞宴的我念念不忘，竟然在上海有所回響。午夜前一行人到了愈夜人氣愈旺的勝記龍鳳村，來自清遠的老闆黃小彬靈活精瘦，把我們迎進店裡逐一介紹宵夜好選擇：先來一盤外皮黃亮肉質緊實的白切雞，不夠的話也可多點一盤鹹香脆嫩的煎雞。主角當然是炸得金黃香脆的椒鹽水蛇，順著紋理撕出淨肉有夠嚼勁。喜愛香口的當然得點蒜香骨，熱炒一盤春菜或菜心後再上一鍋鮮甜多料的水蛇雞粥。貪心的我見鄰座上了一碟我的至愛乾炒牛河，要要要！要來彰顯一下廣東人宵夜的多采多姿！

清遠雞在周恩來總理宴請尼克森總統的國宴上聲名大噪，其實民間平常吃此超級美味不難不要。

鄭松茂
資深廣告人、咖啡館主人

椒鹽水蛇金黃香脆是每桌客人必點。

老爺不老，雖然我在很小的時候就開始崇拜這位台灣廣告創作界殿堂大老。老爺每隔三、五年就有一個屬害轉身——最新的動作當然是先在上海再在內地各處推廣開設精品咖啡體驗空間，口味輕重拿捏都得一一準確掌握。夜了，可以放肆一點了，輕鬆的來一頓重口味重量級宵夜。我跟老爺笑著說，你知道在粵語裡「大龍鳳」是什麼意思嗎？

鑊氣夠味道好，不得了的乾炒牛河是廣東老鄉的驕傲。

熟練的師傅們不停手的炸好一根又一根油條。
居出調好一碗又一碗豆花，
通宵應付從四面八方來朝聖的夜貓。

王帥軍
策劃管理人

經營餐飲策劃精品酒店，帥軍這些年來和夥伴們一步一步把生意做出更有城市文化保育的內容，希望客人都能在飲食居住勾留之間，切身處地感受上海的今昔生活細節，比較此城彼此的同異——刻意帶我來吃一頓深宵早餐，也是啟動對他深愛的城市的一回反思一趟討論。

傳統上海早點的四大金剛，大餅、油條、粢飯、豆漿，全數在午夜在這裡登場。

炸油條的、烘大餅的、舀豆漿的，從侷促室內到雲天室外，生猛靈活，能量十足。

一行四人老遠的從斜土路那邊驅車過來，途中我太累竟然睡著了。良久良久在模糊中看到車窗外溜過的荒涼的漆黑街區，漸漸有零星落索的還開著的便利店水果舖宵夜攤子，然後身邊開車的帥軍說到了到了。前面十字路口一角燈火通明人聲鼎沸煙火繚繞水氣氤氳，傳說中的霍山路臨潼路口深宵豆漿油條店到了，四大金剛我給你朝聖來了。

跳下車，頂著攝氏零度上下的冷我們衝進店裡，擠的搶的喊的終於占到了堆滿雜物的牆角面壁的兩張摺椅半張木檯。上一輪吃完的碗碟都來不及收拾，勉強推到一邊，喊服務員是沒人有空搭理你的，規矩是要自己出去到幾個灶頭櫃台點的。帥軍識路，叫我這個已經目瞪口呆反應不過來的大叔乖乖坐好，在不到五分鐘內搞定面前半桌堆滿加了辣油的鹹豆漿，加了砂糖的甜漿，放了鹹菜和蝦皮和蔥花的豆花，剛烤好的鬆脆噴香的甜的鹹的大餅，剛炸好的燙手的油條，包裹著油條和榨菜的粢飯糰，還有那加了雙蛋加了甜麵醬的還冒著煙的蛋餅——我終於見識到這本來是傳統的標準的早點，在三更半夜以兩至三倍的價錢，出現在破爛侷促但生猛紅火的店裡。穿著睡衣提著暖壺的一家，泡完夜店唱完 K 歌的帥哥靚女，開著奔馳寶馬遠道而來的大款，一一魚貫進出，真人實物震撼非常。

我忽然聞到（意識到）一陣帶辣帶嗆的味道，才得知這通宵開業的豆漿店，白天是掛著重慶公雞煲的招牌的。我忽然想起那尖銳又無奈的兩句形容我的老家的話：借來的時間，借來的空間——我們收起了挑剔放低了標準，發瘋的使勁的在上海在午夜裡吃喝，我們是真的餓了嗎？

伴手有禮

第二章之十二

一路吃到瘋了胃撐了喝高了要回家了，忽覺什麼都沒有買回去——
拿出什麼來說服你的親朋戚友你來過上海？

藥梨膏

A 黃埔區豫園商城上海梨膏糖商店

上海有一種以梨汁、蜂蜜和草藥製成的傳統保健小吃叫梨膏糖，背後還有一個故事——唐朝名臣魏徵，因為母親不愛吃苦藥，將梨汁熬煮成糖塊，放進治咳嗽的藥裡——雖然現在都沒有幾個大夫會用梨膏糖治病，但上海人依然把梨膏糖不斷推陳出新發揚光大，這一粒小小的糖果早已成為上海市、江蘇省和浙江省的省級非物質文化遺產。

藥梨膏就是還沒有凝結成糖狀的梨膏糖，功效相同，依然清甜順喉，只要把一、兩匙的藥梨膏放入溫水中混和，便成為日常飲用的清甜保健飲品。伴手禮也得講究對象，梨膏糖適合百無禁忌的小朋友，而藥梨膏則可送贈生怕多吃糖不健康的長輩們。當日有為怕苦而把藥變糖，今日有為長輩把糖變膏，貼心有餘亦越見進步。

（文：葉子騫）

五香豆

A 黃埔區豫園路 104 號

遊客熟悉的上海老城隍廟豫園附近一帶，給我的印象就像香港的旺角，是一個充滿街頭小吃的「掃街」熱點——小籠、生煎、炸臭豆腐等，這些新鮮熱辣帶不走的要馬上就地正法，而外帶回家的，首選必是五香豆。

若然你跟我一樣對天然的蠶豆提不起太大興趣，也許可以試試這以茴香、桂皮和八角等等香料煮成的五香豆。雖然沒有吸引的外表，就像我們的醬油黑瓜子般，總有一點不易放手的能力讓人一粒一粒的吃下去。先整粒連殼拋入口，吸啜那既鹹且甜的味道，再慢慢破殼吃豆肉——這樣豪氣的吃法雖然不太適合在人前表現，但只有這樣才能完全品嚐五香豆的精華，因此，把它帶回家獨食或給家人開眼界便最好不過。

（文：葉子騫）

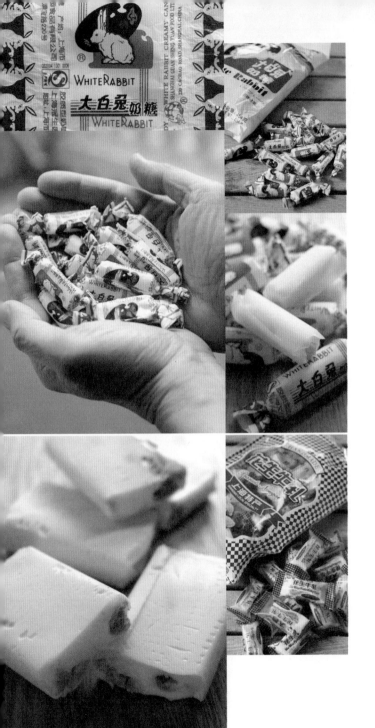

大白兔奶糖

親愛的讀者們，請問有誰從未吃過大白兔糖？請問誰沒有想過把夾在包裝與糖果中間的米紙撕掉，可是無論怎樣努力最後也得無奈地連紙帶糖一口吃掉？然而，有誰又像我一樣，從來不知道原來大白兔糖是上海冠生園的名物？

這一趟上海之旅除了發現大白兔糖的身世之謎，回家後亦觀察到大白兔糖早已絕跡於香港家庭春節過年的全盒裡。這麼一個連週邊的超級市場也不能保證有大白兔糖出現的年代，早晚我們得把它送進「集體回憶」裡，難得在上海巧遇，是否應當多買幾包回來跟家人老友分享回味那份快留不住的香甜奶味……

（文：葉子騫）

花生牛軋糖

花生牛軋糖，同音兩寫，也就是香港小朋友平常吃的鳥結糖（nougat）。這種由蜜糖、牛奶和花生等材料做成的糖果，原來是繼義大利麵後，又一種有可能起源於中國再而舉世聞名的食物。上海的朋友引述網上資料說，明朝狀元商輅依照自己夢中的作法把材料混和捏成牛的形狀因而得名……是巧合也好，是民間傳說也罷，作為吃貨的你和我，首要的考慮當然不是尋根，只要好吃便好了。

上海的牛軋糖口感較實在，賣相看起來比外地的鳥結糖平實，味道也沒有外來的甜，花生的含量也較多，適合一些不太嗜甜的吃貨，好像性價比相對稍高。最適合送給外地朋友或是喜歡舶來貨的朋友做伴手禮，讓外地朋友認識一下中國版本的牛軋糖是如何異曲同工的帶出這陣果仁奶香。

（文：葉子騫）

雲片糕

單從樣子單薄輕飄的外表看來，自作聰明的我以為已經明白雲片糕名字的由來。但在跟看店的大媽一番對話後，才明白原來這是一個錯有錯著的誤會。整合故事大概：乾隆下江南時，在大雪紛飛中吃到這糕後大愛，並要為這糕品題名——他本意要把糕品叫作雪片糕，卻因為把「雪」錯寫成「雲」，金筆一揮，沒法收回，雲片糕從此正名流傳百載。

以當下年輕人的口味，定會覺得雲片糕是一種屬於古代的糕品：不花巧、不鬆化、感覺像吃椰絲乾，又像吃著帶丁點甜味的麵粉乾，總之就是追不上現今甜品糕點的潮流。但原來製作雲片糕需要糯米、白糖、豬油、香料等等原材料一大堆，繁多的工序更是考驗功夫和耐性，花個十元八塊買的更是一門快要消失的傳統工藝，更可以跟朋友分享它的傳奇故事，說不定還真有人會愛上這品味清淡的伴手禮。（文：葉子騫）

城市山民 s11
A 徐匯區復興西路 133 號

旅遊的煩惱，除了得千挑萬選找對餐廳以外，最可怕的莫過於排隊——

花一個半天跟千萬人一起在名店前名勝裡等呀等呀等，然後一起擠進已經人滿的地方，看不到名畫也碰不到貨物，眼前只有浪接浪的後腦，身旁只有早餐吃得太好仍在消化過程當中的遊客，每隔數秒的豪邁打嗝……

身處城市山民本店，進來的客人都認同店主追根溯源的生活主張，自然以平靜的心態去探索世界，不張揚不吵鬧的在精挑細選心愛物。店子裡除了可以找到山民服飾外，還有山區直送的精品茶葉和跟陶藝家合作生產的質樸茶具。面前最令人注目的是一套三件的旅行用紫砂旅行茶具套裝，別出心裁的設計讓茶具輕易地組合成小巧一體，大可放入郊遊的行李中而不怕受損。愛茶的你和我，又怎可放棄這個登山泡茶的好搭檔。

（文：葉子騫）

西區老大房鮮肉月餅 W5

A 靜安區愚園路 633-635 號（近鎮寧路）
H 0630-2200

外婆外公是上海人，來了香港多年仍一直對家鄉的美食不離不棄，過一段日子便會到九龍城的南貨店「辦貨」。小時候的我總愛跟著他們一同出發實地考察觀摩，店裡除了販賣鹹肉、毛豆、百頁等等上海家常食材外，每到中秋店家都會在店內當眼處多放一個熱櫃，裡面放著的是鮮肉月餅。相信外婆是看透我的心意，總會給我多買一個搶先享用──微暖的酥皮，包裹著熱騰騰的鹹香漏油鮮肉，那種五感的滿足是粵式月餅無法媲美的。

這次我首度踏足上海，中秋已過，心想該吃不到上海的鮮肉月餅了吧，誰知鮮肉月餅早已成為上海人的日常點心，朋友還帶我到百年老店西區老大房一起排長龍購買鮮肉月餅。老遠到來，就是討厭排隊也只好乖乖等候，終於吃到新鮮出爐的鮮肉月餅，那薄薄酥皮內鮮美多汁的肉餡，心急一啖更不小心被燙到嘴！難怪一路這麼多人排隊，也難怪外婆對上海美食念念不忘，一定要買十個八個帶回去給老人家嚐嚐鮮懷懷舊。

（文：葉子騫）

出走上海

第二章之十三

不必找藉口不必堆砌理由，在上海從
早到晚吃吃吃，在太飽太撐之前必須
先歇歇，出去走走——

一直向身邊的上海朋友打聽，上海人
假日出去附近玩玩，一般都會到哪
裡？馬上回饋過來的答案也夠開放多
元的：有的說到香港到台北到東京到
曼谷度個週末，實在又近又便宜；有
的二話不說隨時就呼朋喚友開車到蘇
州去吃奧灶麵去杭州西湖泛舟，如果
公路沒有太堵那也很方便的；有的說
根本不用出城，外灘走走來趟萬國建
築博覽之旅，城中各處已向公眾開放
的花園洋房舊宅一串地址也夠看三五

天，還有散落各區的由舊工廠和舊倉
庫改造成的創意設計藝術園區，就連
尋常人家的里弄生活也很有看頭——
這我當然都知道，但我更想看到的是
這個城市是否有更多貼近自然的選
擇，在本就很密集豐富的商業文化娛
樂活動中，可以放緩放空一下：灑落
一地陽光、飽滿清新空氣、盡見盈眼
的綠……當我們發覺城市中和城市周
邊這一切都不缺，這就是我們真正喜
歡真正宜居宜遊的城市。

在上海能夠這樣出走玩玩的地方還是
有的——吊詭而又幸福的是，這些地
方都有很多好吃的，一路也吃不完。

蓮花島

向身邊一眾嘴饞上海老友打聽這趟該
到城外哪裡去吃大閘蟹？幾年來陽澄
湖巴城去過了，太湖東山甚至常熟沙
家濱也都去過了，說是各有特色，吃
得太多也說不清哪一趟哪一家更好。
所以忽然聽說有人建議到陽澄湖中的
蓮花島，哈！不知為什麼眼前忽然一
亮，馬上上網搜索一下……

有人如此這般說，去蓮花島的 N 大
理由之一：三面環水，不通公路，因
形似蓮花，鑲嵌在湖中，故名蓮花島；
理由之二：水域遼闊，水質尤佳，是
正宗陽澄湖清水大閘蟹的原產地；理
由之三：蓮花島花香四溢，大片的油
菜花、向日葵、萬壽菊等遍佈島內，
當然岸邊水域滿滿都是蓮花；理由之
四：島上住有二百戶人家約一千二百
人，大都是養殖大閘蟹經營蟹莊的專
業戶；而理由之五，是我不必猶豫做
好決定呼朋喚友驅車坐艇到了島上第
一身經驗告訴自己告訴大家：我沒有
來錯！

清幽恬靜，江南水鄉原生態。

若是蟹季也可嘗鮮，
必來蓮花島
實在有N個理由……

是日晴天大好，汽艇靠岸前還繞近養
蟹的圍網近距離見識一下，然後開吃
之前在島上沿著河道再過橋走了一
下，清幽恬靜叫人淡定好心情。轉回
蟹莊先不忙直奔主題，主角進場之前
一桌放滿的是店家大廚精心準備的白
灼河蝦、蔥炒土雞蛋、紅燒老鵝、青
蒸白魚、豆腐和蔬菜更是自家手製和
種植，再喝一碗鮮美土雞湯和金黃南
瓜糯米粥，就更覺溫暖。飽了沒有？
當然還有胃容納得下這肉嫩膏鮮的一
公一母，再來一母一公……看誰能乾
淨細緻的吃出個最高紀錄！

來蓮花島的理由之六：島民沒有把這
裡叫做什麼陽澄湖東方威尼斯，蓮花
島就是蓮花島！

崇明島

知道崇明島這個地方，是在小學年代
父親揹給我看的一本小人書連環圖，
書名給忘記了，內容是文革當年上海
知青圍墾崇明島的奮鬥事蹟。這些哥
哥姐姐一腔熱血，為祖國奉獻了青
春，竟也遙遙的深深的感動了還是懵
懂小孩的我。

許多許多年後再見崇明：「崇」為高，
「明」為海闊天空，「崇明」取意高
出水面而又平坦寬闊的明淨之地——
更有「長江門戶，東海瀛洲」之譽。
所以我跟身邊一眾說，此趟立春前來
上海，一定要到崇明島走一回。但馬
上有聲音在悄悄笑說，每年四月初，
矜貴刀魚才由海入江，逆江而上做生
殖洄游，該是趁那個時候才到崇明。
但我倒不以為然，這正是一年四季都
該有理由一來再來吧！

老朋友滬生給我介紹了他的一位長居
崇明島的老朋友，詩人施茂盛。但有
點遺憾初見面當天我們沒有談詩，只
談了崇明的吃：崇明特產地三寶之一
白扁豆，剝來清炒一碟又粉又香。江
中捕得野生胖頭魚，與大白菜一起紅
燒得汁濃肉滑鮮美異常。再來是一直
在鍋中冒著熱氣的崇明白山羊，今天
做帶辣的口味。當然還有不比陽澄湖
蟹遜色的崇明老毛蟹，一樣膏多肉
嫩。一邊嚐鮮好味一邊喝著崇明老白
酒，餐館老闆捧出的還是用糯米自釀
的好貨——其實一番好菜好酒，接著
下來倒真是談詩論藝的好時光。

施兄好客，在崇明島為我們安排的當
然不止一頓飯：早上從浦東外灘源出
發，經長江隧橋過來崇明島，真的省
時又方便。先在東灘鳥類國家級自然
保護區走了一下，在已經乾枯的蘆葦

秋冬時節，保護區內的蘆葦蕩
在陽光下別有一番意象。

詩人好客：崇明島肯定
要爭朋熟友一來再來。

崇明學宮亦是崇明縣
博物館所在地，
展示崇明的方方面面。

崇明菜和崇明魚獲豐產，
深受上海市民喜愛，
尤為嘴饞食客推崇！

東平國家森林公園改建後
發展成一綜合性的戶外活動旅遊目的地，
繁茂森林為城市來客培養山林情操

叢中，低頭睜眼看看可否找得到底棲
軟體動物與甲殼動物，抬頭留意眼前
嗖聲飛過的究竟是鷗還是雁鴨？崇明
東灘及其附近水域是具有全球意義的
生態敏感區，是眾多鳥類遷徙路線的
重要組成部分，是牠們補充能量的重
要驛站和惡劣氣候下的優良庇護所
——政府和相關機構用心用力的守護
經營這一片濕地，向民眾開放作為自
然教育和生態保育基地，觀鳥亦同時
反思處世做人，我等長年在外飛來飛
去的很有感觸。

午餐後幸好沒有飯氣攻心，所以我們
在參觀了「微型」的寒山寺、崇明學
宮和建於宋朝有七百多年歷史的壽安
寺後，更到了由當年圍墾時代的林場
苗圃改建成的東平國家森林公園。在
這個幽、靜、秀、野的超級氧吧裡，
我完全可以想像身處林中即使是盛夏
時分也該是清涼境界。林中一隅有上
書「青春無悔」幾個金漆大字的知青
紀念石碑，知青牆上更密密麻麻鐫刻
著當年在崇明島上揮淚流汗、艱苦奮
鬥過的二十二萬上海知青的姓名。沿
著園中小徑走過，兩旁陳列展示都是
當年知青的勞動、學習和生活的照片
和家書。在那些斑駁褪色的老照片
裡，盡是青春年少意氣風發，留下是
幾代人對理想新生活的熱情冀盼和對
國家對人民大眾的貢獻承擔……

崇明島，是好地方。

（攝影：裴家琪）

靜安公園 s42

A 靜安區南京西路1649號（近靜安寺）

常常跟身邊友人半開玩笑的說，出門旅行，這麼遠那麼近，即使是穿著睡衣從家裡走下樓到街角的便利店去一趟，如果你的觀察力夠強感應力夠敏感，這樣的短途旅行也可能大有收穫！而我就常常抱著這樣的心情和狀態出門，無論是遠是近，也都心滿意足。

一行人在上海忙著吃喝，並不是隔天就可以到城外郊野走動散心。所以特別留意活動範圍附近的公園，不少都是用心設計勤於管理，走進去在盈眼一片綠的同時常常有意外驚喜。

位於南京西路最繁忙地段，正對靜安古寺，另一面就在延安中路高架下的靜安公園，曾幾何時入口一面是公墓，俗稱「外國墳山」。53年後改建成公園向外開放，更把園內教堂及火葬門都拆建成茶室。98年更再次改造成敞開式都市花園，由日本建築設計事務所設計。北門進園通道兩旁整齊排列三十二棵百年大樹懸鈴木，園內處處開展的花牆、花坊、草坪、茶花園都細心打理，炎夏涼爽秋冬冷傲。從原公墓時代一直保留至今的銀杏、羅漢松和懸鈴木都樹齡逾百，園中茶室旁垂柳下的金魚池內植滿睡蓮，是遊園一眾最愛流連的好地方。

無法想像不消五分鐘走出幾百米外就是市中心最繁華熱鬧地段，這也就是一個城市最矛盾最有張力的吸引處。

靜安公園內老樹參天，
自然連接歷史時空那一端。

1868.1.11 — 1940.3.5

最法國的一隅，
最賞心悅目的一景

復興公園

A 黃浦區雁蕩路 105 號
H 0600-1800

如果不是翻查資料，也不知道這個有
「上海的巴黎盧森堡公園」美譽的復
興公園，早年是顧姓的私人園林，後
被法租界公董局購入部分用地做兵
營，後又決定聘用法國園藝家 Papot
主持園林設計及工程監督，由中國園
藝家郁錫麟負責設計，建成顧家宅公
園亦稱法國公園。公園於 1909 年 6
月建成，隨即在 7 月 14 日法國國慶
之日對外開放，園內曾經有過一座紀
念法國飛行家環龍的紀念碑。

環龍此人於 1911 年到上海做飛行表
演，雙翼飛機正要飛抵市中心跑馬廳
時飛機忽然熄火，為免造成在場圍觀
者傷亡，本來可以棄機自救的環龍盡
力把飛機迫降到跑馬地中央，結果機
毀人亡。

紀念碑正面曾經有過如下幾句：

「有了死亡，才有產生；
　有了跌，才有飛。
　法國是身受了這種痛苦，
　使得它認得命運是在那兒！」

「榮神呵！跌爛在平地的人！
　或沒入怒濤的人！

　榮福呵！火蛾似的燒死的人！
　榮福呵！一切亡過的人！」

如果這紀念碑不是在抗戰期間已被拆
除的話，如今碑前懷緬讀來，該又是
輕鬆遊園以外的另一番感受。

中山公園 _{w6}

A 長寧區長寧路 780 號（近定西路）

以紀念國父孫中山先生而設立命名的
公園，在中國大陸、香港、澳門、台
灣以及世界各個華人地區，大大小小
加起來接近六十個。相信有人已經把
這所有的中山公園都走了一遍，真想
約得這位毅行者採訪一下遊園心得。

作為一個遊園愛好者，十分慚愧的只
去過不到十個中山公園。當我在多年
前初次走進上海中山公園的那一趟，
確實被震撼到也被累壞了——為什麼
走啊走啊都還未走進去也走不出來，
一忽兒像在森林裡一忽兒又像在原野
上。

想當年這位英國兆豐行的大班 H.
Fogg 霍格有多誇張，私家花園也有
三百二十畝——後來改稱 Jesfield Park
兆豐花園對外開放，以英式自然造園
風格為主，又逐漸加添中西合璧的人
工湖、假山、植物園等等。好古者不
免又附庸風雅的「發明」了「中山公
園十二景」的稱謂：銀門疊翠，花墅

公公婆婆大叔大嬸在公園的
每個角落都找到自家樂趣。

保留野趣是英式公園
設計理念的精緒。

遊樂園規模不小，
是多少身遊友人
小時候流連忘返地

凝香，水榭絮雨，綠茵晨暉，芳圃吟紅，雙湖環碧，荷池清月，林苑聳秀，獨木傲霜，石亭夕照，虹橋蒸雪，舊園遺韻……這些已經過時的文縐縐標籤其實也很限制大眾遊園的想像力，倒不如放下包袱，見花是花，見樹是樹，見湖是湖，直觀直感，乾脆俐落，與眾樂樂，才不辜負前人也造福後輩。

時至今日，中山公園歷經多次改建，最叫人欣喜的是保留著那草坡緩緩起伏的敞開式園林，大草坪中經常舉辦大型公共文藝活動如世界音樂節。不少音樂發燒友也聚集在園內各處自彈自唱合奏同樂。老人日常散步，白領午間便餐，青年週末緩跑，孩童追逐嬉戲，中山公園不僅是上海的一種表情，更是上海人的一種自在呼吸方法。

古猗園，南翔小籠

A 嘉定區南翔鎮滬宜公路 218 號
T 021-5912-2225
H 0700-1800

午後出發要到南翔古鎮，地鐵 11 號
直達南翔站再轉兩站公車到鎮裡實在
十分方便。但叫我們一行六人困惑的
是究竟要先看上海五大古典園林之首
古猗園還是先吃聞名中外的南翔小籠
包？

買妥門票進入這初建於明代嘉靖年
間，由時任河南通判的閔士籍斥資，
竹刻家朱三松精心設計，取詩經中
「綠竹猗猗」之意命名的古猗園，在
夾道相擁的三十多個名貴竹種之間，
在精工裝嵌的花石小路上放慢腳步，
實在是賞心樂事。但如果一邊散步一
邊又禁不住癡想著那一籠又一籠熱氣
騰騰出爐的小籠，擔心待會接近晚餐
飯點會否店堂擁擠要排在人龍後面，
看來沒法以輕鬆心情層層內進去欣賞
園內不同景點，那就實在太對不起幾
代以來修園建亭植樹挖河池造瀑布堆
疊假山的，又出錢又出力的當地仕紳
和設計管理者。

換過來先在鎮上不下幾十家不同名號
但都在賣南翔小籠的飯店中選好一家
吃上幾種口味的小籠，大快朵頤之後
再進園，又怕天色已經昏暗看不清園
內勝景，沒法把逸野堂、戲鵝池、松
鶴園、青清園、鴛鴦湖和南翔壁六個
景區都走完。如果頂著飽肚一邊走一
邊打嗝，那就更失禮街坊了。

沒有權宜折衷之法，經過同行為食一
眾的不民主協商，竟然決定是先淡
定遊園——在亭台樓閣水榭長廊間行
走，再走入竹林近距離看看是否認得
出紫竹、佛肚竹、龜甲竹、鳳尾竹、
羅漢竹、哺雞竹、方竹等等名貴竹
種；亦不忘停步蹲下來看地上花石小
路中採用黃石、青石、卵石、青磚、

花石小徑，
一路多端紋樣。

綠竹猗猗，不枉此行。

外皮薄韌半透，
一口咬下肉汁鮮美滾燙。

青瓦以致缸片碗片玻璃片拼砌出的幾何和動植物圖案。再來深入遊園逐一看景，得知園內大部分建築其實在抗戰期間都被摧毀，石涇幢和石塔佛像以及藏有的名家書畫在文革時期又遭破壞，我們面前看到的一切，無論是缺角亭、不繫舟、假山石都是日後斥巨資陸續重建修復回來的，這叫路過的我們不免嘆息低頭，忿怨痛罵亦不知該罵誰。

然後真的餓了，在古猗園不遠處找了一家有一群點心師傅大媽在案板前熟練的捏皮包餡的整潔店堂坐下，點的幾籠鮮肉的蟹粉的小籠上來之後，用筷夾起一個皮薄透明，湯汁在內晃顫晃顫的小小饅頭，以小勺盛住，在底邊咬破一小口，吮吸兩口滾燙鮮美汁水，然後一啖進口細細咀嚼，肉鮮且滑，皮韌且香──究竟在南翔當地吃的這家那家都說正宗的小籠，跟在上海老城廂豫園和城隍廟旁的也是由南翔人黃明賢和親戚吳翔升早於清末就開設的南翔饅頭店吃到的有什麼不同？這就是我們一路為食之旅要用心用力嚐味評議的具體內容了。

老城廂：
豫園、城隍廟、小吃廣場、
上海老街

作為上海歷史的發祥地，上海老城廂
指的是上海境內自明嘉靖以來，建築
起城牆抵禦倭寇侵擾的地段。城內廂
間既有民居宅第，私家園林和寺廟，
亦聚集了南北往來貿易金融組織如會
館會所錢莊，制度完善的書院講堂，
理所當然的也有各式食肆和商店。其
時社會經濟民生的日常戲碼就在這範
圍裡每日上演。

上海開埠以後，租界的開闢和迅速發
展致令老城廂內的樓房設施交通系統
和庶民生活狀態顯得格外凌亂殘破。
城牆在 1914 年全部拆除之後，老城
廂就以幾個顯赫地標和幾條主要街道
作為老上海的精神慰藉而存在，其中
居民生活喧嘩忙亂依然。

雕欄玉砌的豫園，香火鼎盛的城隍廟
以致近年動遷拆建改造成的豫園商
城、小吃廣場、上海老街都是商業盈
利項目，至於如何能夠延續保留上海
歷史文化同時改善民生環境，各種矛
盾互動成為大家關注討論的焦點。

我頭一回闖入老城廂，竟是在一個漆
黑的深宵夜半。住在周邊酒店的我因
為肚餓企圖要找吃的，走下樓漫無目
的左轉右轉，隔老遠才有的街燈映照
著跨越馬路的一個高大牌樓，抬頭一
看，依稀看到上海老街幾個大字。路
旁疏落幾攤有小販在擺賣二手破舊，
一路走去所有的商舖都打烊關門了，
一幢幢四五層大樓烏燈黑火，只有樓
頂那花梢飛揚的屋簷作為剪影在夜空
中輪廓鮮明。在這個連肯德基也熄燈

避開週休二日，豫園園內
還真的是城市山林。

正如前輩沈嘉祿老師認為：
民間小吃是一種活態傳承，
是保存記憶的最佳形式

關門的鐘點，我肆無忌憚的在黑漆中遊蕩放飛，也藉著白天對在城中準確尋認地標方位的自信，大抵知道這個方向走過去就是豫園就是城隍廟，旁邊就是早就打烊的小吃廣場，那一頭走去就回到豫園商城——在一個經濟活動暫停的狀態和環境裡，是否可以讓我們更冷靜更仔細的看得「清楚」老城廂？

撇開你我都對擁擠人潮的恐懼，對過度商業化以致性格模糊特色消磨的嫌棄，對眾口一聲千篇一律的反感，我們還是該給自己也給老城廂一個機會。我們也只不過是茫茫人海中的渺小一員，也好奇這歷劫重生的豫園當年是誰以什麼藉口修建的？也八卦為什麼城隍廟的主殿裡同時供奉霍光、秦裕伯和陳化成三位城隍？也不顧儀態的在大庭廣眾張口一啖一個的，與身邊友伴分吃著排了半個小時隊才買到的幾個冒著熱氣的南翔小籠，然後沿著上海老街那一家挨貼一家，販賣所謂傳統特色紀念品的小舖一路走出來，口中唸唸有詞的是剛在離開城隍廟時轉頭一瞥馬上記得的兩句：

「做個好人，心正身安魂夢健；
　行些善事，天知地鑑鬼神欽。」

第三章 本幫經典家常演繹

上海日常行走，
本幫濃油赤醬吃出真性格真感情，
回到家中小廚可否重拾道地滋味感覺？
一切都從思念開始激發衝動付諸實踐，
起碼自己為自己的努力鼓掌，
仔細嚐來也真心好味好驕傲！

四喜烤麩

上海傳統年菜裡的意頭經典，
亦是本幫菜館長年必備的涼菜。
烤麩必須用手撕得厚薄均勻，
下鍋亦要炸得金黃酥透，
都是口感食味成功關鍵。

材料：

烤麩	1塊
金針	4兩
冬菇	8隻
花生	20粒
鮮筍	8片
木耳	4隻
醬油	4匙
米酒	4匙
冰糖	5塊
鹽	適量
花生油	適量

做法：

一）金針、木耳、冬菇、花生分別
　　以熱水泡軟，鮮筍切小片備用。

二）將烤麩手撕成小片，燒開水後
　　把烤麩放入燙　一下。

三）烤麩取出，用加了鹽的涼水先
　　浸過，擠水拭乾備用。

四）起油鍋，把烤麩炸至金黃，
　　撈起備用。

五）再起鍋把金針、木耳、冬菇、
　　鮮筍、花生一併炒好，然後
　　放入烤麩，一起拌炒至軟身。

六）以醬油、冰糖、米酒加色調味，
　　加入少許開水，燜至入味及
　　汁液轉稠起鍋即成，
　　熱吃涼食皆宜。

一	二	三
四	五	六

陳皮油爆蝦

甜鮮油亮的上海經典前菜，
不顧儀態又舔又吮，
買得帶籽的雌蝦做來食味
就更鮮妙！

材料：

河蝦	半斤
冰糖	100克
醬油	2大匙
陳皮	1片
薑	1塊
花生油	適量

做法：

一） 先將薑洗淨，去皮切碎成茸；
　　陳皮亦洗淨浸透後切細絲，
　　備用。

二） 燒開一杯水，將陳皮、冰糖和
　　醬油放入，以小火煮十五分鐘，
　　斟出待涼放冰箱備用。

三） 河蝦洗淨，剪去觸鬚，拭乾
　　備用。

四） 油鍋熱透，猛火爆香河蝦至蝦殼
　　轉紅，離鍋後馬上放入從冰箱
　　取出的冰糖陳皮醬汁中浸泡。

五） 再起油鍋，爆香薑茸。

六） 將泡浸過的河蝦放入油鍋中與
　　薑茸一起拌炒至醬汁收乾，
　　便可裝盤上桌。

一	二	三
四	五	六

墨魚紅燒肉

未嚐本幫紅燒肉，
等於沒有到過上海。
自家琢磨實踐大膽演繹，
彰顯一下濃油赤醬的架勢。

材料：

五花腩肉	20塊
小墨魚	8隻
冰糖	5大匙
醬油	4匙
米酒	4匙

做法：

一）將小墨魚清理好內臟，
洗淨備用。

二）燒開水，把切成小塊的五花肉
用大火滾煮半小時，改用小火
燜住半小時，至肉軟可戳，
撈起備用。

三）起鍋放進五花肉，加醬油和
米酒添色加味。

四）放入小墨魚以中火一同燜煮。

五）加冰糖調味，煮至汁液
濃稠黏身。

六）上海本幫口味紅燒肉，有耐性，
無難度。

一	二	三
四	五	六

蛤蜊蒸蛋

沿海各地普遍流行的一道家常菜。
因為小時候在上海館子裡初嚐
如此鮮美作法，
就把這「第一次」嫩滑記憶，
算在上海菜的名目下。

材料：

雞蛋	4顆
蛤蜊	半斤
魚露	1匙
麻油	1匙
鹽	少許
青蔥	1束

做法：

一）先將雞蛋敲開打勻成蛋液，
　　以篩隔濾得細滑。

二）水燒開，把泡浸洗淨吐沙後的
　　蛤蜊汆至開口，撈起排放碟中。

三）將蛋液混合對半的放涼了的
　　煮蛤蜊水，注入碟中。

四）以保鮮膜封碟面以防水氣倒汗，
　　待鍋中開水煮沸後放入，隔水
　　蒸約八分鐘。

五）待蛋液凝固後，取出撒上
　　蔥花。

六）加魚露和麻油調味，嫩滑鮮美
　　最下飯。

一	二	三
四	五	六

蔥燒大排

蔥香肉糯汁甜的一道
家常下飯好菜，
按部就班無難度。

材料：

厚切豬排	4塊
青蔥	1大束
雞蛋白	1顆
醬油	3匙
米酒	3匙
現磨白胡椒粉	適量
冰糖	30克
橄欖油	適量

做法：

一）先將豬排以刀背拍鬆。

二）加入醬油、米酒、蛋白和胡椒粉
　　拌勻，把豬排醃約二小時。

三）青蔥洗淨切段，燒紅油鍋，
　　以中火將青蔥炸至香脆乾身，
　　撈起備用。

四）以蔥油把醃好的豬排煸過油後
　　撈起。

五）豬排及乾蔥回鍋。

六）加入冰糖，醃豬排的汁液以及
　　小半碗溫水，加蓋以中火煮至
　　糖溶汁收，豬排入味，
　　香甜濃厚至極！

一	二	三
四	五	六

醃篤鮮

開春鮮筍上市後的一道
上海傳統家常湯菜，
鹹鮮一鍋，
燜煮出一室溫暖富足。

材料：

五花醃肉	200克
鹹蹄膀（熟）	1隻
春筍	4個
豬骨高湯	1杯
青蔥	1束
薑	1塊

做法：

一）春筍剝掉外層，只保留裡層
　　嫩肉，切塊備用。

二）五花醃肉跟泡浸過夜減鹹的
　　蹄膀分別切片。

三）備熱水，將鹹蹄膀及五花肉
　　分別燙過，去除血沫雜質，
　　撈起備用。

四）鍋中高湯以大火燒開，放下
　　洗淨切好的蔥段及薑片。

五）五花醃肉和鹹蹄膀下鍋，高湯
　　要蓋過食材，以中小火燉煮至
　　少一小時，加筍塊再燉半小時。

六）筍嫩肉肥湯鮮，豐富盛碗，
　　自學上海傳統醃篤鮮。

一	二	三
四	五	六

蔥油蝦籽煨麵

上海經典麵點
蔥油開洋拌麵的兄弟版。
蔥香麵滑湯鮮，口感濕潤，
實有過之而無不及。

材料：

青蔥	1大束
上海細麵	2束
蝦籽	3匙
醬油	2匙
清雞湯	1杯
花生油	適量

做法：

一）水燒開，將細麵下鍋煮至軟身
　　即撈起備用。

二）青蔥洗淨切段，以小火炸至
　　焦香，蔥油離鍋留用。

三）鍋中煮沸清雞湯，放進一半
　　蔥段和蔥油。

四）隨即將蝦籽及醬油放湯中
　　熬煮。

五）細麵亦下鍋，以中火煨至湯汁
　　全收，軟滑入味。

六）噴香盛碗，撒上餘下炸蔥段，
　　保證絕好滋味！

一	二	三
四	五	六

上海炒年糕

年糕年糕年年高，
不只是年節特色菜，
也成為平日嘴饞心頭好，
鮮軟滑糯一口接一口，
可別吃太快燙到吃太多撐胃！

材料：

水磨年糕	5條
大白菜	1棵
梅頭肉	200克
冬菇	4隻
香菜	1棵
麻油	適量
醬油	適量
太白粉	適量
胡椒粉	適量
花生油	適量

做法：

一）先將大白菜沖洗，切絲備用。

二）年糕切片，冬菇浸軟去蒂
　　切絲備用。

三）豬肉切絲，以太白粉、胡椒粉
　　及鹽稍醃備用。

四）起油鍋，將肉絲拌炒過油先行
　　取出，再將菜絲、冬菇絲下鍋
　　炒至軟身，加入年糕一直拌勻
　　至年糕煮軟入味。

五）將肉絲加入炒勻，注入一碗水，
　　轉中火熬煮。

六）待所有材料煮至入味，加入麻油
　　醬油調味，待汁液轉稠收乾，
　　灑上香菜，便可盛碟上桌！

一	二	三
四	五	六

上海鹹肉菜飯

同一碗鹹肉菜飯，
各家各主自有主張。
參考莊祖宜老師的一個
爽快俐落版本，
成功在嘗試！

材料：

鹹肉	6小片
青江菜	5棵
白米	1杯
清雞湯	1杯
蒜頭	4瓣
薑	2片
花生油	適量
開水	適量

做法：

一）先將青江菜洗淨切絲，
　　薑與蒜頭分別切細成茸。

二）鹹肉切粒，備用。

三）起油鍋先爆香蒜頭，
　　鹹肉下鍋炒熟。

四）再把薑茸下鍋略炒，加入菜絲
　　兜炒至軟身。

五）將白米下鍋，炒至米粒沾滿
　　油光。

六）將清雞湯注入，轉中火加蓋讓
　　米粒飽吸雞湯後轉小火，期間
　　不時攪動以防黏鍋，若水過早
　　收乾，亦可加入適量開水。
　　飯熟後熄火燜約十分鐘即可
　　盛碗上來。上海家常鹹肉
　　菜飯，簡易成功好滋味！

一	二	三
四	五	六

酒釀小湯圓

簡單不過的白水煮湯圓，
其實可以來個華麗升級，
溫暖甜蜜且帶微醉，絕對迷人。

材料：

現買上海芝麻餡小湯圓	25個
酒釀	6大匙
桂花糖漿	3匙
雞蛋	1隻

做法：

一）小鍋燒開水，以湯勺在水中攪拌出漩渦，敲開雞蛋徐徐倒進水中，待雞蛋成形，用湯勺盛著以防蛋白散掉，煮成蛋黃半熟水波蛋，撈起盛碗備用。

二）另以小鍋沸水煮熟湯圓，盛碗中再注入少許水分以防湯圓黏住。

三）鍋中燒開半杯水，加入六匙酒釀煮沸。

四）加入桂花糖漿，拌勻。

五）將桂花糖酒釀澆入湯圓碗中。

六）加上已做好的水波蛋，大團圓不是結局而是開始！

一	二	三
四	五	六

東方商旅 les suites orient h1

A 上海市金陵東路1號（近中山東二路）
T 021-6320-0088
www.lessuitesorient.com

向來喜歡簡約低調的家居風格，有了
自己的家後，當然將自己喜好風格都
一併付諸實行，務求每天下班都會想
念家裡那個放鬆安舒的空間，散漫的
躺在沙發又或來個噴灑式熱水浴一洗
疲勞。

人在上海，有機會住進金陵東路1號
的東方商旅精品酒店。從低調的入口
大門進來，乘電梯到達一樓大堂，充
分感受到酒店主人對品位的理解對舒
適的演繹。在設計師吳宗岳先生操刀
下，優雅自然的鵝白色大理石，溫暖
安穩的柚木互相交織配合應用。酒店
主人劉季強先生把多年遊歷世界一路
用心收藏的舊行李箱、手提包、奧地
利琴匠手製的鋼琴，一一都被細心安
排擺放在酒店各處，每件藏品每個細
節都在訴說非凡故事。

辦好登記，有禮的前台服務員把我引
領到房間。進門後我只顧參觀窗外的
外灘風景，坐在躺椅上陶醉於房間的
舒適佈局幾乎忘卻整頓行李。後來驚
訝發現各種家具挑選安排都細緻用
心，特別訂製的收納式「多寶閣」，
巧妙地把調酒吧台咖啡機冰箱電器都
一一收進。床頭地櫃亦刻意隱藏著支
援 i 系列的手機充電座，接連房間喇
叭系統，聽歌休息都在一指輕按之
間，房間內處處細心設計真讓我這個
科技小裝置控心花怒放！

正當準備音樂大播放之際，歐陽老師
從房間來電告知酒店大廚已安排好要
到餐廳品嚐他們的貼心服務——根據
客人不同時段的需要做備餐，這回的
主角是雲腿上湯陽春麵和現炸春卷，
一聽就餓，拍照後就開吃了！

（文：陳迪新）

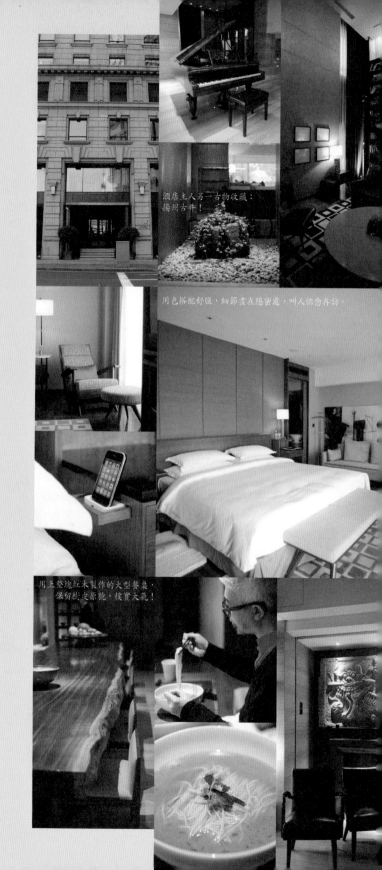

酒店主人另一古物收藏：
揚州古井！

用色搭配舒服，細節盡在隱密處，叫人惦念再訪。

用上整塊紅木製作的大型餐桌，
保留樹皮原貌，樸實大氣！

A 長寧區華山路 1220 弄 6 號（近江蘇路）
T 021-5256-9977　www.lesunchine.com

曾在德國 Kronberg 克朗伯格住進德國皇太后維多利亞的 Schlosshotel 城堡裡，偌大堡壘內隨處都放著中古世紀武士盔甲，掛滿古董壁畫，瀰漫四處的歷史神秘氛圍叫我每晚上床睡覺都會妄想伯爵幽靈即將跟我打招呼。

上海的大宅當然也盛載顯赫歷史，這次住進紳公館，感覺更集中更強烈——追溯本源到三十年代初由一片跑馬草場改建為十五幢殖民風格組成的模範花園住宅群「范園」，其中六號樓（紳公館現址）在 1932 年為中國第一家的阜豐麵粉廠的主人孫伯群所擁有。期間見證目睹過無數滬上名流巨擘的傳奇人生：國父孫中山先生、徐志摩的原配夫人張幼儀、名噪一時的金融家朱博泉都曾在此居住。直到 2008 年，經過創辦人孫雲立先生重新打造，於 2010 年 5 月翻修成功，更名為「紳公館」正式開業，同年亦得到世界知名酒店集團 Relais & Chateaux（羅萊夏朵）之邀請，加入成為在上海唯一的會員酒店。

這次住進紳公館的英式小洋房，以 Art Deco 式風格打造十七個金、銀、銅、藍、紅色調的主題房間，配合復古風留聲機、電風扇、古董家具、青花瓷器等等，將昔日上海風情和西方藝術氛圍精心拼湊，自然融合。剛進大堂看見的那座由西班牙知名工匠人手打造，利用卡榫工藝組合而成的實木迴旋梯，散發出低調奢華的貴族氣息。

說得上是公館，當然少不了公館內親切友善的管家早晚體貼細微招呼問候。傍晚先行點好的上海式早餐，翌日晨早新鮮準時送到房內，足不出戶即可嚐到大廚現做的小餛飩、小籠包、素菜包、熱豆漿，豐富滿足吃飽再出門——難得來個兩天三天做趟貴公子，真是來滬的絕好經驗！

（文：陳迪新）

奢華低調的實木迴旋梯

十七個房間都有各自色調，下回打算入住哪一個？

最喜愛薄皮餛飩那種滑溜入口的感覺。

客堂間 Ke Tang Jian h3

A 上海市徐匯區永嘉路335號（近襄陽南路）
T 86 21 5466 9335
www.ketangjian.com

做過貴公子之後，也是時候歸回現實。走在梧桐樹成蔭的永嘉路上，商戶小店生活雜貨開滿兩旁。老先生老太太街坊鄰里路上碰面都噓寒問暖，一陣熟識的生活溫暖感油然而生，很平民很 down to earth！

跟客堂間負責人王帥軍投契聊天，大家目睹城市發展步伐急速，處處都匆匆起橋鋪路蓋新樓蓋商場，拆遷是硬道理，老房子著實越來越少。熱愛歷史文化的他很希望把上世紀三十、四十年代這些充滿庶民生活歷史痕跡的老房子保留下來，決定以精品酒店的模式營辦「客堂間」。在保育的同時，把那個年代的上海人家生活，以「看得見的歷史」的方式呈現給每位到來的訪客。帥軍特意四出尋找舊上海花園住宅及老式公寓予以翻修改造，首間「客堂間」從此座落於緊貼庶民生活現實的永嘉路上。

就是因為這種「固執」，這幢建於1937年的房子間格結構都大致保留。15 到 150 平米不等的七個房間，設計精準地以沉穩深紅的上海住家老地板，素淨白色床鋪及窗簾，配搭起老式家具壁畫及燈飾，不多不少，優雅文氣。進房後脫鞋踏在隱隱起伏的老地板上，只覺一頭栽進了從前上海人家平常生活情狀裡。

晚上傳來歡聲笑語一片熱鬧，原來是樓下的樂佛涯串燒餐廳到了繁忙時候，聞到燒烤香味禁不住肚子咕咕作響——下樓吃喝飽醉相信今晚一定睡得酣靜，明早醒來看見陽光灑進房內又是美好一天。

（文：陳迪新）

看得見的歷史，看得見的細節。

老地板配搭著白床鋪窗簾，一室優雅寫意。

暖暖光線跟你 say hello！

晚餐來個串燒怎樣？

種滿各式各樣香草的
屋頂花園「水間」
給江邊風景添上自然色彩。

房間佈置素靜樸拙，
給習慣了富麗堂皇的
酒店旅客一個視覺衝擊。

小至房間內的 Standard Chair，
大至內鑲鏡子的鐵框木窗，
意想不到的事在這酒店實在多的是。

水舍 Water House

A 黃浦區毛家園路 1-3 號（老碼頭旁）
T 021-6080-2988
www.waterhouseshanghai.com

雖然同樣是依著中山路一直走，就是
沒有了中山東路那邊的繁華，除了老
碼頭這個新的創意產業園和旅遊景點
外，環繞的都是舊民房和發展中的項
目工地。單憑面前這樓高四層的建築
物，破破舊舊的外表一時無法令人
想到這是一家獲得 2011 年 Travel +
Leisure Design Awards 的精品酒店，
但一大片落地玻璃告訴我這面牆後必
然藏著些意想不到的事情。

酒店的正門是一道不太起眼的鐵門，
推門而入卻發現酒店大堂氣派十足。
破落外露的水泥磚牆為背景，天花
吊著一盞巨形的白色吊燈，大堂四
周放滿如 Ame Jacobsen 及 Antonio
Citterio 等來自世界各地設計大師的
家具，令這座建於 1930 年歷盡滄桑
的前日軍武裝總部增添了一份對立前
衛的格調。

酒店的設計概念把私人空間和公共空
間打散再融合，十九間獨立設計的客
房，不論是設有露台的園庭房間，還
是擁有落地大窗的江景房間，都充分
重現上海弄堂的幾經迂迴轉折然後一
目了然的風味。你可以從房間的沙發
看到外面黃浦江兩岸早晚的景色，亦
可以從露台看到內庭四周鄰居的一舉
一動。同時，酒店外的行人亦可有意
無意地看到酒店住客站在以全片玻璃
建成的浴室和洗手間內遠看著上海最
新最舊的一面。

人在外頭，什麼也總得一試，我入住
的這個房間裡這充滿話題性的浴室的
確會有令人卻步的念頭，但習慣了後
意外地感覺還是很不錯——就是一種
在四面水泥牆內感覺不到的暢快。水舍就是一個意想不到的實驗：
意想不到的外表、意想不到的內涵、意想不到的設計、意想不到
的員工，還有意想不到請來名廚 Jason Atherton 坐陣的酒店餐廳
Table No.1，以及它無限量供應的精美早餐！

（文：葉子騫）

上海吃不完

還是那一句，獨食易肥，吃到底的目的和意義，都在於分享。

所以我由衷感謝身邊這些在上海認識的在上海生活的以及跟我一樣路過上海短暫勾留的新朋舊友，在手機屏幕一看到是我打來的電話，按通了一開口劈頭就問我要吃什麼？要去哪裡吃？要跟誰一起去吃？吃完之後又再去哪裡吃？他們她們對我的依賴、信任、支持、器重、義無反顧不離不棄，是因為我平日早午晚宵夜都在努力鑽研如何點菜如何讓大夥吃得健康平衡快樂盡興——以此為志業，旨在分享，讓敏感味蕾引領我們認識了解這個吃不完的大世界。

這回能在上海吃得肆無忌憚，特別感激為我們開山劈石鋪路的夊俏。健和、美蘭、迪新、踏踏、子騫，一路吃來，是我身邊最親密的夥伴。同檯吃飯，集體修行，如果說我們在低頭吃喝中悟到一點什麼？該就是趁熱起筷，吃在當下。

應霽

二零一三年三月

歐陽應霽 作者

香港出生，積極進取型閒散退休人士。

以貪威識食練精學懶為下半生做人宗旨。

一覺醒來向天發誓，要把自己從來喜歡和嚮往的城市，一直熱愛尊重的食物，和始終惦念和牽掛的人，有組織有預謀地，一一吃下去。

電郵：aycraig@gmail.com
新浪微博：http://weibo.com/yingchai
臉書：www.facebook.com/craigauyeung

陳廸新（**Dixon**） 攝影師

攝影師，家課製作成員。

從十八分鐘開通味蕾，到飯人遊歷坦認嘴饞為食，終致孜孜不倦地樂極在擺滿一桌甜酸苦辣與色香美味之前，忘形地躲在鏡頭後方一一記錄捕捉每道每頓垂涎欲滴。

新浪微博：http://weibo.com/ctsdixon
臉書：www.facebook.com/ctsdixon

戴蓓懿（踏踏） 助理採編

上海人。

曾經的酒店管理人，現在的美食工作者。

貪戀各種人間美味，以吃為第一要義，常年混跡於各大城市，發現、嘗試、記錄各種在地好味道。

新浪微博：http://weibo.com/daitata

葉子騫（**Edward**） 助理採編

會三文四語，有點胖的香港人。

認真冀望可以跟家人朋友吃喝玩樂過日子。

自入老大門下，愛吃愛煮愛放假的天性一發不可收拾，從此努力做一個出得廳堂，入得廚房的 kidult。

新浪微博：http://weibo.com/daibu

Eat Like Heaven